MENU

CB140894

DIRETORIA
Jorge Carneiro e Rogério Ventura
Diretor Editorial: Henrique Ramos
REDAÇÃO
Editor-chefe: Daniel Stycer

EDIOURO PUBLICAÇÕES DE PASSATEMPOS E MULTIMÍDIA LTDA.
Rua Nova Jerusalém, 345, CEP 21042-235 - Rio de Janeiro - RJ.
Tel.: (0XX21) 3882-8200, Fax: (0XX21) 2290-7185
Distribuição: DINAP Ltda.
Rua Dr. Kenkiti Shimomoto, 1678, CEP 06045-390 - Jardim Conceição - Osasco - SP.
Tel.: PABX (0XX11) 3789-3000.

Atendimento ao leitor:
0300-3131345 (custo de uma ligação local)
(0XX21) 3882-8300 (ligação local, RJ)

Conteúdo e projeto visual
startUP comunicação

Editor: Edgar Melo
Diretor de Arte: Samuel Moreno
Assistente de Arte: André Barbosa
Culinarista: Janete Campos
Reportagem: Maurício Barroso
Assistente de Redação: Aline Gerotto
Revisão: Erika Horigoshi

Colaboração
Todas as receitas publicadas nesta edição foram cedidas por profissionais da área de gastronomia, não sendo de responsabilidade da editora e de seus produtores. Algumas das imagens são meramente ilustrativas e não correspondem ao resultado final das receitas.

Pesquisa e referências
Dicas e Receitas – Aproveitamento Integral dos Alimentos
Aproveitamento Integral dos Alimentos – Projeto Mesa Brasil / Sesc

Agradecimentos
ABICAB – Associação Brasileira da Indústria de Chocolates, Cacau, Amendoim, Balas e Derivados, ABIMAPI – Associação Brasileira das Indústrias de Biscoitos, Massas Alimentícias e Pães & Bolos Industrializados, Chef Isabela Ferracini, Chef Natália Gueldini e Margarina Amorena.

Informações técnicas
Todas as receitas publicadas nesta edição foram testadas por um profissional da área de gastronomia, não sendo o seu resultado de responsabilidade dos editores. Não deixe de consultar um médico ou nutricionista antes de criar seu cardápio. Este guia é apenas uma referência de receitas e não tem o papel de oferecer instruções sobre quais alimentos você pode ou não consumir. Para isso, não deixe de procurar orientações de um profissional.

Fotos: Shutterstock e colaboradores

DO CACAU FEZ-SE O xocoatl

Doce extraído do cacauzeiro, surgiu como uma bebida alcoólica oferecida aos deuses maias, já serviu como moeda e, no século XIX, os europeus o transformaram em barra.

O chocolate é um dos ingredientes mais antigos da culinária, com registros desde 1400 a.C. Já foi consumido como fruto, depois como bebida, e se transformou em barra adocicada pelos europeus no século XIX.

Originário da América do Sul e obtido a partir do cacau, fruto do cacaueiro, o chocolate era consumido pelos astecas e os maias como bebida um tanto amarga, feita da mistura do cacau torrado com água. Somente no século XVIII, os franceses desenvolveram o chocolate com uma consistência sólida, porém mais pastosa do que a atual. Em 1910, a barra de chocolate começou a ser vendida.

Nos últimos 3,5 mil anos, esse alimento já passou por quase todo tipo de forma, cor e sabor. Além disso, a ciência descobriu suas capacidades antidepressivas.

Muito antes de tal descoberta, o *Theobroma cacao* (seu nome científico) da planta nativa de uma região que vai do México, passando pela América Central, até a região tropical da América do Sul, a civilização maia cultivava o cacau e, a partir de suas sementes, preparava o *xocoatl*, uma bebida amarga e geralmente temperada com baunilha e pimenta. Acreditava-se que essa combinação combatia o cansaço e que também era afrodisíaca.

DA ELITE PARA TODOS

Existem vestígios de plantação de cacau desde 1100 a 1400 a.C., tendo sido encontrado em Puerto Escondido, Honduras. De acordo com pesquisadores, pelo aspecto do recipiente encontrado e pela análise de seu conteúdo, concluiu-se que faziam uma bebida alcoólica pela fermentação dos açúcares contidos na polpa que envolve os grãos, bebida esta que continua a ser produzida até hoje em alguns países da América Latina. Documentos maias e astecas relatam que o chocolate era usado tanto para fins cerimoniais como no cotidiano, sendo, no entanto, consumido apenas pela elite.

Foi por meio dos espanhóis, após o domínio do povo asteca, que o chocolate chegou à Europa e invadiu o mundo. No início, ele foi considerado um alimento especial, por seu valor nutricional e energético, e somente mulheres, sacerdotes e nobres o consumiam em cultos da Igreja Católica. Nos anos de 1700, as "Casas de Chocolate" passam a competir com as "Casas de Café" em Londres.

A Revolução Industrial e a invenção de máquinas tornaram possível a produção em massa de muitos produtos, tornando-os mais baratos. O chocolate também ganhou novos lares com a sua industrialização.

Atualmente, o chocolate não é privilégio apenas das elites e pode ser encontrado em diversas formas, qualidade e preços.

Tipos e características

CHOCOLATE EM PÓ

Feito a partir da semente do cacau moída, sem a gordura da manteiga de cacau. Leva açúcar e é indicado para fazer brigadeiros e coberturas.

ACHOCOLATADO EM PÓ

Não é indicado para o preparo de doces. Produzido com chocolate em pó, leite em pó e açúcar, é bom para o preparo de bebidas quentes e frias.

CACAU EM PÓ

Após a trituração das sementes, elas são prensadas para extrair a manteiga de cacau e, depois, transformadas em pó. De acordo com sua concentração de cacau, o chocolate leva uma variação de 22% a 100%. Esta informação é fundamental para a confeitaria profissional, que trabalha com uma quantidade exata para o amargor, a doçura e a textura.

CHOCOLATE BRANCO

Não contém cacau, apenas a manteiga, o açúcar e o leite. Dependendo da qualidade desta manteiga e do leite, pode ser bem branco ou amarelado. Ideal para recheios e coberturas.

CHOCOLATE AMARGO

É o chocolate com maior concentração de cacau; por isso tem tonalidade mais escura e mais brilho. Indicado para todos os tipos de preparações, coberturas, recheios, bebidas ou musses.

CHOCOLATE MEIO AMARGO

Produzido com menor concentração de cacau, contém açúcar em sua composição e é indicado para diversas receitas, desde bebidas até coberturas.

CHOCOLATE AO LEITE

Feito com parte de massa de cacau, leite e açúcar, ele é indicado para todos os tipos de sobremesas e doces, mas atenção para a quantidade de açúcar adicionada em sua receita.

CHOCOLATE FRACIONADO

Não é totalmente puro, contém parte de gordura vegetal. O manuseio é fácil, por conter uma quantidade de gordura que dispensa a "temperagem". Tem preço acessível e bom rendimento. Indicado para fazer copinhos de chocolates, bombons, ovos de Páscoa e coberturas.

CHOCOLATE HIDROGENADO

Feito com uma grande quantidade de gordura de soja e gordura total, ele é considerado o pior chocolate pelos profissionais da área de gastronomia. Indicado para recheios e coberturas.

Dados do mercado de chocolates

BRASIL

Fonte: agricultura.gov.br

- *É o terceiro maior mercado de chocolates do mundo (Fonte: Caobisco)*
- *Geração de empregos: 33 mil empregos diretos anuais e 66 mil empregos indiretos anuais.*
- *Exportação: presente em todos os continentes, é exportado para 106 países (2013)*

No Brasil, o consumo só cresce: o País já é o quarto consumidor mundial, com média de 3,5 quilos por pessoa ao ano, mas apenas o sexto do mundo em produção.

Quando o assunto é o tipo de chocolate, o brasileiro diz preferir a versão ao leite. Segundo pesquisa encomendada pela Associação Brasileira da Indústria de Chocolates, Cacau, Amendoim, Balas e Derivados (Abicab), o brasileiro prefere o chocolate ao leite, depois o branco e, por fim, o meio amargo.

BAHIA

Apesar do aumento da demanda, a safra de cacau 2013/2014 no sul da Bahia apresentou uma queda na produção em relação à anterior. Na safra passada, de acordo com reportagem recente, a Bahia colheu 180 mil toneladas da amêndoa, enquanto, nesta safra, os números não ultrapassaram 140 mil toneladas.

A Bahia produz 60% da safra brasileira de cacau, e a valorização devolve a esperança para muitos produtores da região, que começam a projetar dias melhores para o cacau baiano, o qual, anos atrás, sofreu com a vassoura de bruxa (doença que destruiu grande parte da cultura nos anos 90).

A região de Ilhéus, na Bahia, continua famosa pela produção de cacau e guarda muitas histórias e pontos turísticos relacionados ao chocolate.

O *jeito certo* DE FAZER

Além de comprar um bom chocolate, é preciso ter atenção às técnicas de preparo, principalmente a temperagem, que traz brilho e mais sabor ao doce.

Que qualquer doce ou sobremesa que tenha chocolate em sua receita já fica mais gostoso é quase unanimidade, mas, para que a receita fique ainda mais apetitosa e saborosa, é importante trabalhar um pouco das muitas técnicas que esse produto exige.

O procedimento mais utilizado para manipular o chocolate é a temperagem, técnica que traz brilho, textura e sabor ao produto final. Para o *chef* Mateus Matana, formado na França e proprietário da *boulangerie* (padaria ou panificadora) e *pâtisserie* (especializada em bolos e doces) Maria Antonieta, o procedimento é ideal para trazer o chocolate ao seu estado original, mais maleável, e poder trabalhá-lo em diversas receitas.

Matana, que é um especialista em criações com os mais diferentes tipos de chocolate, não indica a temperagem em banho-maria, já que a técnica exige cuidado redobrado, porque um respingo de água ou excesso de umidade pode estragar o resultado final. "Utilizo mais o derretimento em micro-ondas, por ser mais simples, rápido, e ter um controle melhor da temperatura", explica. Além disso, ele aconselha sempre o uso de boas marcas de chocolate.

A escolha de qual procedimento usar é muito pessoal, porque muitos culinaristas dizem para evitar o derretimento no micro-ondas, argumentando que o controle da temperatura é menor, ou que o chocolate pode queimar.

Apesar dos diferentes riscos nas diferentes técnicas, o *chef* Matana traz dicas que podem facilitar a vida daqueles que nunca realizaram a temperagem, ou para os que não a dominam. Ele ensina que cada tipo de chocolate tem uma temperatura certa para seu derretimento, mas que a média é em torno de 45°C. "Deve-se trabalhar com o chocolate branco entre 28°C e 29°C; o meio amargo, entre 30 a 31°C; o ao leite, a 29°C a 30°C; e o *blend* [mistura entre meio amargo e ao leite], a 29°C."

O *chef* Matana prefere fazer o resfriamento em pedra e, para dar o choque térmico, utiliza uma base que pode ser de granito ou de mármore. "Após o derretimento, o chocolate deve ser resfriado com movimentos constantes, até atingir a temperatura ideal para colocá-lo em forminhas ou manipulá-lo em sua receita". Esse processo explicado pelo chef é a temperagem.

TEMPERAGEM

Para entender essa técnica, é importante lembrar que todo chocolate em tabletes comercializado para o consumo imediato passa por esse procedimento. Isso é necessário porque os chocolates puros são fabricados com manteiga de cacau ou com um composto de gordura que faz com que o chocolate contenha uma quantidade superior a 25% de sólidos de cacau.

Esse chocolate puro contém cristais de gordura. Ao fazer o derretimento do chocolate, estes cristais se separam, deixando o chocolate destemperado, o que vai atrapalhar para enformá-lo; no caso de fazer bombons, também vai tirar o brilho, a textura e o sabor. Se não for feita a temperagem, esses cristais não irão se unir novamente.

Para a *chef* Isabela Ferracini, proprietária de uma loja de brigadeiros *gourmet* e que produz o doce em diferentes versões, o maior erro na temperagem é deixar queimar o chocolate, já que a falha vai arruinar toda e qualquer receita.

Outro erro comum é resfriar o chocolate na geladeira; isso acaba com o procedimento, porque o resfriamento precisa ser feito de maneira lenta e sem a umidade da geladeira, o que vai deixar o chocolate com aspecto feio e endurecido, além de suar ao toque das mãos.

Sobre com qual chocolate trabalhar, a *chef* Isabela conta que utiliza diversas variações para harmonizar, desde o branco até o 80% cacau. "Entretanto, para os brigadeiros, não utilizamos os granulados, pois eles são feitos de açúcar e, no sabor final, o doce sofre bastante interferência."

A *chef* só faz restrição a um tipo de chocolate: o hidrogenado, e indica optar pelos de origem belga. "Em todas as receitas pode-se utilizar o em pó, o granulado, ou as barras. O resultado final será diferente, mas todos os formatos de chocolate são permitidos, exceto o hidrogenado."

ARMAZENAGEM

A maneira correta de conservar o chocolate, ainda com a embalagem, é embrulhá-lo em papel-alumínio, ou em filme plástico, e deixá-lo em local seco, fresco e arejado, mas fora da geladeira. Bem longe da geladeira e do sol. Prefira guardá-lo em um armário que fique bem na sombra, porque aquele chocolate que derreteu e depois endureceu novamente não é o ideal para se trabalhar.

Além da umidade e do calor, é necessário manter o chocolate distante de alimentos com cheiro forte, já que o produto é sensível a odores e pode pegar outros cheiros, o que não é agradável.

Tabela de temperagem

Chocolate meio amargo: 30°C a 31°C
Chocolate blend: 28°C a 29°C
Chocolate branco: 28°C a 29°C
Chocolate ao leite: 29°C a 30°C
Chocolate plus: 29°C a 30°C

Utensílios para temperagem em banho-maria, ou no micro-ondas

- Faca serrilhada e longa para picar o chocolate;
- Espátulas e colheres de plástico ou silicone para mexê-lo;
- Termômetro culinário, que será utilizado nas duas técnicas;
- Refratários;
- Pincel, que serve para tirar marcar de digitais ou também para criar texturas;
- Um par de luvas, para evitar marcas de digitais após o resfriamento.

Derretimento em banho-maria

1. Utilizando uma faca serrilhada, pique o chocolate em pedaços pequenos.
2. Em um refratário, leve dois terços do chocolate picado ao fogo, em banho-maria, misturando delicadamente com uma espátula, até atingir a temperatura de 45°C – este é o ponto de derretimento. Depois que o chocolate estiver derretido, retire-o do banho-maria e limpe bem o fundo do refratário, até que o recipiente fique sem umidade.
3. Adicione um terço do chocolate picado com o derretido, para temperá-lo. Misture bem, para que todos os pedaços sejam dissolvidos.
4. Troque de refratário e mexa até atingir uma temperatura próxima a 28°C.

Cuidados no derretimento em banho-maria

- A panela própria para banho-maria deve ser usada exclusivamente para derreter o chocolate. Não tendo a panela específica e sendo necessário improvisar, não deixe que o recipiente interno entre em contato com a água.
- Se não tiver termômetro, a temperatura da água do banho-maria deve ser quente, mas suportável ao toque.
- O chocolate completamente derretido deve ter temperatura entre 40°C e 45°C.
- Nunca deixe a água ferver com o chocolate em banho-maria. Para evitar isso, quando a temperatura da água chegar a 50°C, apague o fogo e mexa até que ele derreta completamente.
- Tome bastante cuidado para não deixar cair vapor ou água no chocolate.
- Confira sempre a tabela de temperagem.

Evite o desperdício

Procure trabalhar com o chocolate em cima de um papel-manteiga, porque, no fim da sua receita, você poderá reaproveitar as rebarbas e os restos em doces crocantes, ou ainda para o recheio de bombons.

Derretimento no micro-ondas

1. *Pique o chocolate em pedaços grandes, coloque dois terços dele em um recipiente e leve-o ao micro-ondas. Utilize a potência média ou menor. Interrompa o procedimento a cada 1 minuto e mexa até o chocolate ficar derretido.*
2. *Adicione um terço do chocolate picado ao derretido, para temperar. Misture até todos os pedaços se dissolverem.*

Cuidados no derretimento no micro-ondas

- *Trabalhe sempre na potência média para baixa, mexendo a cada 1 minuto, para não correr o risco de queimar o chocolate.*
- *O chocolate derretido no micro-ondas costuma ficar inteiro; somente após mexê-lo é que vai dissolver. Ou seja, nunca retire o chocolate totalmente derretido do micro-ondas, isso significa que ele já passou do ponto.*

Quando adicionar líquido ao chocolate

Para adicionar outro ingrediente líquido ao chocolate, ambos precisam estar na mesma temperatura, porque o procedimento pode deixar o chocolate empelotado, ou a manteiga de cacau pode se separar do resto da mistura.

Resfriamento em pedra

1. *Derreta o chocolate utilizando a técnica de banho-maria, ou no micro-ondas.*
2. *Despeje o chocolate na pedra de mármore ou granito e, com uma espátula, faça movimentos de vaivém, até atingir o resfriamento ideal.*
3. *Despeje o chocolate resfriado na tigela e utilize-o para a sua receita da melhor maneira possível.*

Dicas de conservação

- *Mantenha o chocolate em local fresco e sem umidade, a uma temperatura entre 12° e 18°C. Altas temperaturas não são aconselháveis, pois elas podem alterar a cor, a textura e o sabor do chocolate. Por isso, não se deve guardá-lo na geladeira nem no freezer;*
- *É necessário que o produto esteja protegido da luz. Por isso, mantenha-o armazenado na própria embalagem ou em papel-alumínio;*
- *O chocolate é muito suscetível à absorção de odores; portanto, tome o cuidado de não guardá-lo próximo a outros alimentos que tenham cheiro forte.*

Duração (validade)

- *Chocolate puro – cerca de 3 meses*
- *Chocolate recheado – 30 dias*
- *Chocolate trufado – 15 dias*

Já os chocolates com essências ou bebidas alcoólicas duram pouco mais de quatro meses, por conta dos conservantes, das essências e do álcool.

Bolo-tabuleiro

TEMPO DE PREP.	1 hora
DIFICULDADE	fácil
RENDIMENTO	24 porções

Ingredientes

- *2 ovos*
- *2 xícaras (chá) de açúcar*
- *½ xícara (chá) de óleo*
- *3 xícaras (chá) de farinha de trigo*
- *1 xícara (chá) de chocolate em pó*
- *1 colher (sobremesa) de fermento em pó*
- *1 colher (chá) de bicarbonato*
- *1 pitada de sal*
- *2 xícaras (chá) de água fervente*
- *Manteiga para untar*

Modo de Preparo

Na batedeira, em velocidade média, coloque os ovos com o açúcar, até a mistura ficar fofa. Acrescente o óleo, a farinha, o chocolate, o fermento, o bicarbonato e o sal. Baixe a velocidade da batedeira e acrescente a água fervente. Bata mais um pouco e reserve. Asse em forma retangular untada e enfarinhada, em forno preaquecido a 180°, por 40 minutos ou até dourar.

DICA DO CONFEITEIRO

Deixe esfriar e polvilhe açúcar de confeiteiro misturado com um pouco de cacau em pó. Corte em quadradinhos.

Bolo cremoso DE AMÊNDOA COM COBERTURA DE CHOCOLATE

Ingredientes

TEMPO DE PREP.	70 min.
DIFICULDADE	médio
RENDIMENTO	14 porções

PARA A MASSA

- *6 ovos*
- *1 xícara (chá) de açúcar*
- *¼ de xícara (chá) de água*
- *1 xícara (chá) de farinha de trigo*
- *¼ de xícara (chá) de farinha de amêndoas*
- *1 colher (sobremesa) de fermento*

PARA O RECHEIO E A COBERTURA

- *½ litro de leite integral*
- *1 caixinha de mistura para pudim de chocolate*
- *2 colheres (sopa) de amido de milho*
- *250 g de creme de leite fresco*
- *3 colheres (sopa) de açúcar*

Modo de Preparo

DA MASSA

Na batedeira, em velocidade média, bata as gemas, o açúcar e a água até dobrar de volume. Acrescente a farinha de trigo, a farinha de amêndoas, o fermento e, por último, as claras batidas em neve. Asse em forma redonda untada e enfarinhada, em forno preaquecido a 180º, por 45 minutos ou até dourar.

DO RECHEIO E DA COBERTURA

Em uma panela, coloque o leite, a mistura para pudim, o amido de milho e leve ao fogo médio, até atingir a consistência de um creme homogêneo. Deixe esfriar e reserve. Bata o creme de leite com o açúcar e misture tudo. Abra o bolo em dois, adicione o recheio e cubra o bolo com o restante do creme. Deixe esfriar e sirva.

Bolo de caneca
DE CHOCOLATE COM CEREJA EM CALDA

Ingredientes

- *1 ovo*
- *2 colheres (sopa) de chocolate em pó*
- *3 colheres (sopa) de açúcar*
- *4 colheres (sopa) de farinha de trigo*
- *1 colher (sopa) de óleo*
- *4 colheres (sopa) de leite*
- *1 colher (café) de fermento em pó*
- *Cereja em calda*

Modo de Preparo

Em uma tigela, misture todos os ingredientes, até a massa ficar homogênea. Separe a massa em duas canecas de 200 ml cada uma e leve-as ao micro-ondas por 3 a 4 minutos. Cubra as duas canecas de bolo com um pouco de cereja em calda picada e sirva imediatamente.

TEMPO DE PREP.	15 min.
DIFICULDADE	fácil
RENDIMENTO	2 porções

DICA DO CONFEITEIRO

Polvilhe um pouco de açúcar refinado sobre o bolo.

Bolo de caneca COM LEITE CONDENSADO

Ingredientes

PARA A MASSA

- *1 ovo*
- *6 colheres (sopa) de leite condensado*
- *1 colher (sopa) de leite*
- *1 colher (sopa) de manteiga*
- *2 colheres (sopa) de chocolate em pó*
- *5 colheres (sopa) de farinha de trigo*
- *1 colher (café) de fermento em pó*

PARA A COBERTURA

- *2 colheres (sopa) de chocolate em pó*
- *5 colheres (sopa) de leite condensado*

Modo de Preparo

Em uma tigela, coloque o ovo, o leite condensado, o leite, a manteiga, o chocolate, a farinha e o fermento em pó. Misture bem. Separe a mistura em duas canecas de 150 ml cada uma e leve ao micro-ondas por 3 a 4 minutos. Misture bem os ingredientes da cobertura e aqueça no micro-ondas por 1 minuto. Cubra o bolo e sirva a seguir.

TEMPO DE PREP.	70 min.
DIFICULDADE	médio
RENDIMENTO	14 porções

Bolo delícia

TEMPO DE PREP.	2 horas
DIFICULDADE	difícil
RENDIMENTO	12 porções

Ingredientes

PARA A MASSA

- *5 ovos*
- *1 xícara (chá) de açúcar de confeiteiro*
- *½ xícara (chá) de açúcar de confeiteiro impalpável*
- *2 xícaras (chá) de farinha de trigo*
- *½ xícara (chá) de cacau em pó*
- *1 colher (sobremesa) de fermento em pó*

PARA O RECHEIO

- *400 g de chocolate ao leite*
- *1 caixinha de creme de leite*
- *100 g de castanha-de--caju picada*
- *50 g de damascos picados*
- *2 xícaras (chá) de chantilly em ponto firme*

Modo de Preparo

Em uma batedeira, bata os ovos com os açúcares, até a mistura ficar fofa. Acrescente a farinha, o cacau e o fermento em pó. Escolha uma forma, unte e enfarinhe e asse em forno preaquecido a 180° até dourar. Deixe esfriar, abra ao meio e recheie. Para fazer o recheio, derreta o chocolate em banho-maria, acrescente o creme de leite, as castanhas e o damasco, até atingir o ponto de *ganache*. Acrescente o chantilly e incorpore tudo delicadamente. Além de rechear, cubra o bolo com a mistura.

Bolo Europeu

TEMPO DE PREP.	1 hora
DIFICULDADE	médio
RENDIMENTO	20 porções

Ingredientes

- *3 ovos*
- *2 xícaras (chá) de açúcar*
- *1 xícara (chá) de azeite de oliva*
- *1 xícara (chá) de leite quente*
- *2 e ½ xícaras (chá) de farinha de trigo*
- *1 xícara (chá) de chocolate em pó*
- *1 colher (sopa) de fermento em pó*
- *Manteiga para untar*

Modo de Preparo

Na batedeira, bata as gemas, o açúcar e o azeite. A seguir, acrescente o leite quente e continue a bater. Aos poucos, adicione a farinha de trigo e o chocolate. Bata bem e acrescente o fermento, as claras em neve e incorpore a massa. Coloque a mistura em uma forma de bolo inglês, untada e enfarinhada. Asse em forno preaquecido a 180°, por 45 minutos.

DICA DO CONFEITEIRO

Sirva o bolo com sorvete de creme ou de passas ao rum.

Bolo de chocolate COM COBERTURA DE LARANJA

TEMPO DE PREP.	40 min.
DIFICULDADE	médio
RENDIMENTO	10 porções

Ingredientes

PARA A MASSA

- *6 ovos*
- *½ xícara (chá) de açúcar*
- *½ xícara (chá) de farinha de trigo*
- *½ xícara (chá) de chocolate em pó*
- *1 colher (chá) de fermento em pó*
- *Manteiga para untar*

PARA A CALDA

- *3 xícaras (chá) de suco de laranja*
- *⅓ de xícara (chá) de açúcar*
- *2 colheres (sopa) de maisena*
- *¼ de xícara (chá) de água*

DICA DO CONFEITEIRO

Coloque rodelas de laranja sobre o bolo e polvilhe chocolate em pô.

Modo de Preparo

Na batedeira, bata as claras em neve e acrescente o açúcar, as gemas e continue batendo, até ficar fofo. Desligue a batedeira e inclua os demais ingredientes peneirados sobre a mistura. Mexa bem. Asse em assadeira redonda média, untada e enfarinhada, em forno preaquecido 180°. Para a calda, em uma panela, coloque o suco e o açúcar, até formar uma calda. Em seguida, misture a maisena com água separadamente e adicione à calda na panela, mexendo até engrossar. Deixe esfriar. Coloque-a sobre o bolo e decore ao seu gosto.

Bolo Amor-Perfeito

Ingredientes

PARA O PÃO DE LÓ

- *2 ovos*
- *½ colher (sopa) de açúcar refinado*
- *3 colheres (sopa) de açúcar de confeiteiro*
- *½ xícara (chá) de farinha de trigo*
- *½ xícara (chá) de chocolate em pó*
- *1 colher (sobremesa) de fermento em pó*
- *Manteiga para untar*

PARA O RECHEIO

- *200 g de chocolate meio amargo*
- *1 lata de doce de leite*
- *200 g de creme de chantilly*

TEMPO DE PREP.	90 min.
DIFICULDADE	difícil
RENDIMENTO	20 porções

Modo de Preparo

DO PÃO DE LÓ

Na batedeira, bata os ovos com os açúcares, até dobrar de volume. Retire a mistura da batedeira e incorpore delicadamente a farinha, o chocolate e o fermento. Reserve. Asse em forma redonda, untada e enfarinhada, com forno preaquecido a 180°, por 25 minutos, deixe esfriar e reserve.

DO RECHEIO E MONTAGEM

Para o recheio, derreta o chocolate picado em banho-maria. Na batedeira, coloque o doce de leite, o creme de chantilly e o chocolate derretido. Bata até atingir o ponto de um creme firme e reserve. Abra o bolo ao meio, coloque o recheio e cubra com a outra parte do bolo. Leve à geladeira por 1 hora. Decore com um pouco de chantilly.

Bolo de Cacau
LIGHT DE LIQUIDIFICADOR

Ingredientes

- *3 ovos*
- *60 g de margarina light*
- *1 xícara (chá) de açúcar light*
- *1 xícara (chá) de cacau em pó*
- *2 xícaras (chá) de farinha*
- *1 colher (sopa) de fermento*
- *1 colher (chá) de bicarbonato*
- *1 xícara (chá) de leite desnatado*

TEMPO DE PREP.	40 min.
DIFICULDADE	fácil
RENDIMENTO	20 porções

Modo de Preparo

No liquidificador, bata todos os ingredientes, coloque-os em uma assadeira redonda com furo no meio, untada e enfarinhada. Asse em forno preaquecido a 180°, por 20 a 30 minutos. Deixe esfriar e polvilhe o cacau.

Naked Cake

Ingredientes

PARA A MASSA

- *6 ovos*
- *2 xícaras (chá) de açúcar*
- *3 xícaras (chá) de farinha de trigo*
- *1 e ½ xícara (chá) de água*
- *1 colher (sopa) de fermento*
- *2 colheres (sopa) de canela em pó*
- *Margarina*

PARA O RECHEIO

- *1 lata de leite condensado*
- *1 colher (sopa) de manteiga*
- *1 caixinha de creme de leite*
- *200 g de chocolate branco*
- *Frutas vermelhas*
- *Açúcar de confeiteiro*

DICA DO CONFEITEIRO

Finalize a sobremesa com as frutas inteiras e peneire açúcar de confeiteiro sobre o bolo.

TEMPO DE PREP.	1 hora
DIFICULDADE	médio
RENDIMENTO	15 porções

Modo de Preparo

DA MASSA

Na batedeira, bata as claras em neve. Continue batendo e junte as gemas uma a uma. Adicione o açúcar e bata bastante, até dobrar de volume. Junte a farinha, alternando-a com a água. Adicione o fermento em pó e a canela. Forre um fundo de uma assadeira redonda com papel-manteiga e passe margarina. Leve ao forno preaquecido a 180°, por 20 minutos ou até a massa clarear. Deixe esfriar, desenforme e corte-o em 3 camadas.

DO RECHEIO E MONTAGEM

Em uma panela, coloque o leite condensado, a manteiga, o creme de leite e o chocolate branco. Mexa até atingir o ponto de brigadeiro e reserve. Recheie as camadas de bolo, coloque as frutas picadas sem caroço e polvilhe açúcar de confeiteiro.

Bolo Glaçado
COM CHOCOLATE MEIO AMARGO

Ingredientes

PARA A MASSA

- *1 e ½ xícara (chá) de açúcar*
- *200 g de manteiga*
- *4 ovos*
- *1 e ½ xícara (chá) de farinha de trigo*
- *½ xícara (chá) de farinha de amêndoas*
- *100 g de chocolate meio amargo em barra*
- *1 colher (sobremesa) de fermento em pó*

PARA O GLAÇADO

- *2 xícaras (chá) de leite*
- *2 colheres (sopa) de glucose branca*
- *1 envelope de gelatina sem sabor*
- *500 g de chocolate meio amargo*
- *Frutas variadas*

Modo de Preparo

DA MASSA

Na batedeira, bata o açúcar com a manteiga e acrescente os ovos um a um. Adicione a farinha de trigo, a farinha de amêndoas e o chocolate derretido em banho-maria. Por último, acrescente o fermento. Asse a mistura em forma redonda, untada e enfarinhada, em forno preaquecido a 180º, por 40 minutos. Deixe esfriar e leve à geladeira.

DA COBERTURA E MONTAGEM

Ferva o leite com a glucose, hidrate a gelatina e acrescente, em seguida, o chocolate picado. Misture bem e empregue a mistura no bolo gelado. Decore com frutas frescas, como uva, cereja e morango.

TEMPO DE PREP.	1 hora
DIFICULDADE	médio
RENDIMENTO	10 porções

Bolo Diet COM GELEIA DE MORANGO

Ingredientes

- *4 ovos*
- *1 xícara (chá) de adoçante culinário*
- *40 g de margarina light*
- *2 xícaras (chá) de farinha integral*
- *1 xícara (chá) de cacau em pó sem açúcar*
- *1 xícara (chá) de leite desnatado*
- *1 colher (sopa) de fermento em pó*
- *1 pote pequeno de geleia diet sabor morango*

TEMPO DE PREP.	40 min.
DIFICULDADE	fácil
RENDIMENTO	10 porções

Modo de Preparo

Na batedeira, coloque os ovos com o adoçante e a margarina e bata até ficar fofo. Acrescente a farinha, o cacau e o leite fervendo. Por último, adicione o fermento. Em uma assadeira redonda, untada e enfarinhada, coloque a massa e, com ajuda de uma colher, coloque porções de geleia. Leve ao forno preaquecido a 180°, por 30 minutos. Sirva gelado, após 1 hora na geladeira.

Bolo de Chocolate COM AVEIA DIET

TEMPO DE PREP.	30 min.
DIFICULDADE	fácil
RENDIMENTO	10 porções

Ingredientes

- *3 ovos*
- *2 colheres (sopa) de margarina light*
- *½ xícara (chá) de adoçante culinário*
- *2 xícaras (chá) de aveia fina*
- *1 xícara (chá) de leite desnatado*
- *2 colheres (sopa) de farinha de trigo*
- *3 colheres (sopa) de chocolate em pó diet*
- *1 colher (sopa) de fermento em pó*

Modo de Preparo

Na batedeira, coloque os ovos, a margarina e o adoçante. Bata até ficar fofo e acrescente o restante dos ingredientes. Asse em assadeira de furo no meio, untada e enfarinhada, em forno preaquecido a 180°, por 20 minutos.

DICA DO CONFEITEIRO

Faça uma mistura de leite desnatado, cacau em pó sem açúcar, adoçante culinário e margarina light para cobrir seu bolo.

Brownie DE NOZES

Ingredientes

- *4 ovos*
- *10 colheres (sopa) de chocolate em pó*
- *2 xícaras (chá) de açúcar*
- *1 e ½ xícara (chá) de farinha de trigo*
- *½ xícara (chá) de óleo de canola*
- *1 colher (café) de baunilha*
- *1 pitada de sal*
- *1 colher (sopa) de fermento em pó*
- *Nozes picadas*

TEMPO DE PREP.	1 hora
DIFICULDADE	fácil
RENDIMENTO	12 porções

Modo de Preparo

Em uma tigela, coloque todos os ingredientes secos e acrescente os líquidos a seguir. Misture tudo com um fuê. Asse em forma retangular em forno preaquecido a 180°, por 30 minutos. Deixe esfriar e sirva a seguir.

Brownie COM GOTAS DE CHOCOLATE

Ingredientes

- *4 ovos*
- *1 e ½ xícara (chá) de açúcar mascavo*
- *400 g de chocolate meio amargo*
- *3 colheres (sopa) de azeite*
- *2 xícaras (chá) de farinha de trigo*
- *150 g de gotas de chocolate ao leite*
- *Manteiga para untar*

Modo de Preparo

Na batedeira, bata os ovos e o açúcar mascavo, até atingir a consistência de um creme. Acrescente o azeite e a farinha e misture até ficar homogêneo. Por fim, adicione as gotas de chocolate. Asse a mistura em uma forma untada e enfarinhada, em forno preaquecido a 180°, por 40 minutos ou até dourar. Deixe esfriar e corte em quadrados.

TEMPO DE PREP.	80 min.
DIFICULDADE	médio
RENDIMENTO	12 porções

DICA DO CONFEITEIRO

Sirva o brownie com uma bola de sorvete de flocos.

Brownie COM CALDA QUENTE

Ingredientes

PARA A MASSA

- *5 ovos*
- *300 g de manteiga*
- *2 xícaras (chá) de açúcar*
- *1 xícara (chá) de farinha de trigo*
- *400 g de chocolate meio amargo picado*
- *200 g de nozes picadas*

PARA A CALDA QUENTE DE CHOCOLATE

- *150 g de chocolate meio amargo*
- *1 colher (sopa) de manteiga*
- *200 ml de suco de laranja*

Modo de Preparo

Na batedeira, bata as gemas, a manteiga e o açúcar. Acrescente a farinha e misture bem. Derreta o chocolate em banho-maria e junte-o à mistura. Acrescente as nozes e misture as claras. Asse em forma untada e enfarinhada retangular, em forno a 180°, por 40 minutos. Para a calda, derreta o chocolate em banho-maria, acrescente a manteiga e, aos poucos, o suco de laranja, até ficar uniforme.

TEMPO DE PREP.	1 hora
DIFICULDADE	médio
RENDIMENTO	25 porções

DICA DO CONFEITEIRO

Sirva o *brownie* em pedaços retangulares com a calda e uma bola de sorvete de limão.

Cupcake com ganache DE CHOCOLATE

Ingredientes

- *2 ovos*
- *1 xícara (chá) de açúcar*
- *100 g de margarina*
- *½ xícara (chá) de leite*
- *1 xícara (chá) de farinha de trigo*
- *½ xícara (chá) de chocolate em pó*
- *1 colher (sobremesa) de fermento em pó*

PARA O *GANACHE* DE CHOCOLATE

- *300 g de chocolate ao leite*
- *1 caixinha de creme de leite*
- *1 envelope de gelatina sem sabor*

Modo de Preparo

Na batedeira, bata os ovos, o açúcar e a margarina até ficar fofo. Acrescente o leite, a farinha, o chocolate e o fermento. Coloque em forminhas próprias para *cupcake* e, sobre uma assadeira, leve ao forno preaquecido a 180°. Deixe esfriar. Para a cobertura, derreta o chocolate em banho-maria. Acrescente o creme de leite e a gelatina já diluída. Deixe esfriar e coloque no saco de confeiteiro com bico pitanga para fazer a decoração.

TEMPO DE PREP.	30 min.
DIFICULDADE	fácil
RENDIMENTO	12 porções

Cupcake Diet

Ingredientes

PARA A MASSA

- *1 ovo*
- *3 colheres (sopa) de margarina light*
- *2 colheres (sopa) de cacau sem açúcar*
- *½ xícara (chá) de leite desnatado*
- *1 xícara (chá) de farinha de trigo integral*
- *2 colheres (sopa) de uvas-passas*
- *100 g chocolate amargo diet picado*
- *2 colheres (chá) de fermento em pó*

PARA A COBERTURA

- *½ xícara (chá) de cacau em pó sem açúcar*
- *3 colheres (sopa) de leite desnatado*
- *1 colher (sopa) de margarina light*
- *1 colher (sopa) de adoçante light*

Modo de Preparo

Na batedeira, bata o ovo com a margarina. Adicione o cacau, o leite, a farinha, as uvas-passas, o chocolate picado e o fermento em pó. Coloque a mistura em formas de *cupcake* e leve para assar em forno preaquecido, por 20 minutos. Para a cobertura, coloque todos os ingredientes na panela e leve ao fogo até dissolver. Sirva frio.

TEMPO DE PREP.	30 min.
DIFICULDADE	fácil
RENDIMENTO	6 porções

Cupcake de Granola COM COBERTURA DE BRIGADEIRO

TEMPO DE PREP.	1 hora
DIFICULDADE	fácil
RENDIMENTO	12 porções

Ingredientes

PARA A MASSA

- *1 e ½ xícara (chá) de farinha de trigo*
- *1 colher (sobremesa) de fermento em pó*
- *2 xícaras (chá) de granola triturada*
- *200 g de chocolate ao leite*
- *100 g de margarina*
- *6 gemas*
- *1 xícara (chá) de açúcar de confeiteiro*

PARA A COBERTURA

- *1 lata de leite condensado*
- *2 colheres (sopa) de chocolate em pó*
- *1 colher (sopa) de manteiga*

Modo de Preparo

Misture a farinha, o fermento e a granola e reserve. Derreta o chocolate em banho-maria e acrescente a margarina, até formar um creme liso. Reserve. Bata as gemas com o açúcar, até obter um creme fofo. Misture o chocolate e junte as farinhas, mexendo delicadamente. Coloque a massa em forminhas de papel para *cupcake*. Leve ao forno preaquecido a 170°, por cerca 20 minutos ou até dourar. Para a cobertura, em uma panela, coloque todos os ingredientes, leve em fogo médio mexendo sem parar, até a mistura ficar firme. Deixe esfriar. Coloque-a em um saco de confeitar com bico pitanga e aplique-a sobre os *cupcakes*.

Petit gâteau DE CHOCOLATE MEIO AMARGO

TEMPO DE PREP.	40 min.
DIFICULDADE	fácil
RENDIMENTO	6 porções

Ingredientes

- *200 g de chocolate meio amargo*
- *1 lata de creme de leite*
- *5 gemas*
- *5 ovos*
- *1 xícara (chá) de açúcar*
- *1 xícara (chá) de farinha de trigo*
- *Manteiga*
- *Sorvete de creme*

DICA DO CONFEITEIRO

O forno deve estar bem quente no momento em que o *gateau* for colocado, para que fiquem cremosos por dentro e firmes por fora. Ao tirá-los do forno, o centro ainda deverá estar mole.

Modo de Preparo

Leve o chocolate picado ao fogo em banho-maria e adicione o creme de leite. Reserve. Em uma tigela, misture bem as gemas, os ovos inteiros, o açúcar e a farinha de trigo, até ficar homogêneo. Misture o chocolate reservado e mexa bem, até obter uma massa lisa. Unte com manteiga oito forminhas pequenas e distribua a massa em cada uma delas. Leve ao forno médio preaquecido a 200º, por 10 minutos, aproximadamente. Desenforme ainda morno sobre pratinhos individuais e sirva a seguir com sorvete de creme.

Petit gâteau DE CHOCOLATE AO LEITE

TEMPO DE PREP.	40 min.
DIFICULDADE	fácil
RENDIMENTO	6 porções

Ingredientes

- *200 g de chocolate ao leite*
- *8 colheres (sopa) de manteiga*
- *10 colheres (sopa) de açúcar*
- *3 ovos*
- *6 colheres (sopa) de farinha de trigo*
- *1 colher (chá) de baunilha*

Modo de Preparo

Derreta o chocolate em banho-maria ou no micro-ondas. Em uma batedeira, bata a manteiga com o açúcar e as gemas, até a mistura ficar bem clarinha. Aos poucos, acrescente a farinha e, por fim, a baunilha. Em seguida, junte o chocolate derretido, misturando bem, até obter uma massa homogênea. Delicadamente, coloque as claras batidas em neve e misture tudo novamente. Coloque em forminhas untadas e enfarinhadas. Leve ao forno médio preaquecido a 200º, por 10 minutos, aproximadamente.

Torta de cacau

Ingredientes

TEMPO DE PREP.	2 horas
DIFICULDADE	médio
RENDIMENTO	8 porções

PARA A MASSA

- *1 e ½ xícara (chá) de farinha de trigo*
- *2 colheres (sopa) de açúcar*
- *100 g de maisena*
- *3 colheres (sopa) de suco de laranja*
- *1 colher (sopa) de raspas de laranja*
- *¼ de xícara (chá) de cacau em pó*
- *6 gemas*

PARA O RECHEIO

- *2 xícaras (chá) de creme de leite fresco*
- *250 g de chocolate meio amargo picado*

PARA A COBERTURA

- *1 e ½ xícara (chá) de creme de leite fresco*
- *3 colheres (sopa) de açúcar de confeiteiro*
- *1 colher (sopa) de baunilha*

Modo de Preparo

DA MASSA

Junte todos os ingredientes em uma tigela e misture bem. Cubra-a e deixe gelar por 1 hora. Forre uma forma de torta canelada com a massa e retorne à geladeira por mais 30 minutos. Asse em forno preaquecido a 180°, por 15 minutos. Deixe esfriar.

DO RECHEIO E DA COBERTURA

Aqueça o creme de leite em banho-maria e acrescente o chocolate picado, mexendo muito bem, até que a mistura esteja lisa e homogênea. Junte o cacau. Bata as gemas, até que cresçam e fiquem fofas. Misture o creme de chocolate e as gemas aos poucos, mexendo bem, e retorne ao banho-maria por mais 5 minutos. Esfrie, recheie a torta e leve-a à geladeira por 1 hora.

Para a cobertura, em uma batedeira, bata o creme de leite bem gelado com o açúcar. Adicione a baunilha e bata mais um pouco. Decore a torta com o creme e polvilhe com cacau. Sirva gelado.

Torta especial
DE DOIS CHOCOLATES

Ingredientes

PARA A MASSA

- *1 pacote de biscoito maisena triturado*
- *100 g de margarina*
- *½ xícara (chá) de cobertura para sorvete de chocolate*

PARA A MUSSE

- *400 g de chocolate meio amargo*
- *400 g de chocolate branco*
- *500 g de creme de leite fresco*
- *1 envelope de gelatina sem sabor incolor*

TEMPO DE PREP.	3 horas
DIFICULDADE	fácil
RENDIMENTO	8 porções

Modo de Preparo

Misture o biscoito com a margarina e a cobertura de chocolate, até obter uma massa homogênea. Forre uma forma de torta canelada. Para a musse, derreta o chocolate meio amargo e o branco separadamente em banho-maria e reserve. No liquidificador, bata o creme de leite em ponto de chantilly e separe-o em duas partes. Acrescenta cada parte de chantilly aos chocolates derretidos e adicione a gelatina hidratada, também dividida em duas partes. Sobre a massa, coloque a mistura do chocolate meio amargo e, em seguida, o chocolate branco. Leve à geladeira por 2 horas.

DICA DO CONFEITEIRO

Decore a sobremesa com frutas vermelhas.

Torta de chocolate branco COM MORANGOS

TEMPO DE PREP.	3 horas
DIFICULDADE	fácil
RENDIMENTO	8 porções

Ingredientes

- *1 pacote de biscoito de leite*
- *100 g de manteiga*
- *1 lata de creme de leite*
- *200 g de chocolate branco*
- *3 claras*
- *5 colheres (sopa) de açúcar*
- *1 xícara (chá) de morango*

Modo de Preparo

Triture o biscoito no liquidificador, até obter uma farofa fina. Misture a manteiga, até atingir o ponto de massa. Forre uma forma de torta canelada com a massa e reserve. Coloque o creme de leite em banho-maria e junte o chocolate picado, mexendo até formar um creme. Reserve. Coloque as claras com o açúcar em banho-maria até ficar morno. Leve à batedeira e bata até atingir o ponto de suspiro. Misture com o creme de chocolate e distribua sobre a massa de biscoito. Leve à geladeira por 2 horas. Cubra a torta com morangos picados.

Torta holandesa ESPECIAL

TEMPO DE PREP.	3 horas
DIFICULDADE	médio
RENDIMENTO	10 porções

Ingredientes

- *200 g de manteiga sem sal*
- *1 xícara (chá) de açúcar de confeiteiro*
- *3 gemas*
- *½ litro de chantilly*
- *1 pacote de biscoito de leite*
- *250 g de chocolate ao leite*
- *1 caixinha de creme de leite*
- *2 colheres (sopa) licor de cacau*

Modo de Preparo

Em uma batedeira, coloque a manteiga, o açúcar e as gemas em velocidade máxima, até a mistura ficar clara. Acrescente o chantilly aos poucos e diminua a velocidade. Em uma forma média de aro removível, coloque no fundo os biscoitos de leite, acrescente o creme e leve à geladeira por 1 hora. Derreta o chocolate em banho-maria, banhe alguns biscoitos e aplique-os na lateral da torta. Leve à geladeira para secar. Acrescente o creme de leite e o licor no restante do chocolate e retorne ao banho-maria por mais 5 minutos. Retire a torta da geladeira, adicione a cobertura de chocolate e volte a sobremesa à geladeira por 1 hora.

Torta cremosa DE CHOCOLATE

TEMPO DE PREP.	1 hora
DIFICULDADE	fácil
RENDIMENTO	12 porções

Ingredientes

- *2 xícaras (chá) de farinha de trigo*
- *100 g manteiga* light
- *1 gema*

PARA O RECHEIO

- *2 ovos*
- *1 xícara (chá) de adoçante culinário*
- *1 colher (sopa) de margarina* light
- *2 e ½ xícaras (chá) de leite desnatado*
- *1 xícara de chantilly* light
- *2 colheres (sopa) de amido de milho*
- *½ xícara (chá) de cacau*
- *2 colheres (sopa) chocolate em pó*

Modo de Preparo

Misture todos os ingredientes e forre uma forma de fundo falso. Para o recheio, em uma batedeira, bata todos os ingredientes e coloque-os sobre a massa. Asse em forno preaquecido a 170°, por 40 minutos.

Torta PEDACINHOS DO CÉU

Ingredientes

PARA A MASSA

- *1 ovo e 2 gemas*
- *200 g de manteiga*
- *¾ de xícara (chá) de açúcar*
- *1 e ½ xícara (chá) de farinha de trigo*
- *½ xícara (chá) de castanhas-do-pará moídas*
- *1 colher (sobremesa) de fermento em pó*

PARA O SUSPIRO

- *4 claras*
- *1 e ½ xícara (chá) de açúcar*
- *2 colheres (sopa) de chocolate em pó*

TEMPO DE PREP.	40 min.
DIFICULDADE	fácil
RENDIMENTO	8 porções

Modo de Preparo

Em uma batedeira, bata o ovo, as gemas, a manteiga e o açúcar, até a mistura ficar fofa. Acrescente a farinha de trigo, a farinha de castanha-do-pará e o fermento. Para o recheio, leve as claras e o açúcar ao banho-maria, até ficar morno. Transfira-os para batedeira e bata até atingir o ponto de suspiro. Acrescente o chocolate e misture levemente. Em uma assadeira redonda, untada e enfarinha, coloque a massa e adicione o suspiro. Leve ao forno preaquecido a 180°, por 30 minutos ou até dourar. Deixe esfriar e sirva imediatamente.

Cheesecake DE CHOCOLATE

Ingredientes

PARA A MASSA

- *2 pacotes de biscoito de chocolate*
- *100 g de manteiga*

PARA O RECHEIO

- *1 copo de requeijão cremoso*
- *½ xícara (chá) de leite*
- *300 g de ricota*
- *1 e ½ xícara (chá) de açúcar*
- *3 ovos*
- *1 colher (sopa) de azeite de oliva*
- *200 g de chocolate ao leite ou meio amargo*

Modo de Preparo

Triture os biscoitos no liquidificador e misture a manteiga até formar uma massa. Forre uma assadeira de fundo removível, pressione bem e leve à geladeira por 30 minutos. Para o recheio, leve à batedeira o requeijão, o leite, a ricota picada, o açúcar, os ovos e o azeite. Derreta o chocolate em banho-maria e acrescente à mistura. Coloque-o sobre a massa e leve ao forno preaquecido a 180°, por 40 minutos ou até ficar firme. Deixe esfriar e leve à geladeira por 1 hora.

Torta especial COM CREME DE NOZES

Ingredientes

PARA A MASSA

- *200 g de manteiga*
- *3 gemas*
- *¾ de xícara (chá) de açúcar*
- *½ xícara (chá) de chocolate em pó*
- *2 xícaras (chá) de farinha de trigo*

TEMPO DE PREP.	40 min.
DIFICULDADE	fácil
RENDIMENTO	10 porções

PARA O RECHEIO

- *½ xícara (chá) açúcar*
- *1 colher (sopa) de suco de limão*
- *¾ de xícara (chá) de mel*
- *50 g de manteiga*
- *250 g de nozes picadas*
- *Açúcar de confeiteiro para polvilhar*

Modo de Preparo

Na batedeira, coloque a manteiga, as gemas, acrescente o açúcar e o chocolate em pó. Retire da batedeira, acrescente a farinha e amasse até ficar uma massa homogênea. Abra a massa e forre uma forma de fundo removível. Para o recheio, em uma panela em fogo baixo, adicione o açúcar e o suco de limão até virar um caramelo. Acrescente o mel e a manteiga. Misture, deixe ferver e junte as nozes picadas. Coloque o recheio frio e cubra com o restante da massa. Asse em forno preaquecido a 180°, até dourar. Deixe esfriar e polvilhe o açúcar de confeiteiro.

Torta de chocolate COM CREME DE OVOS

TEMPO DE PREP.	40 min.
DIFICULDADE	fácil
RENDIMENTO	8 porções

Modo de Preparo

Em uma tigela, coloque a farinha, o açúcar, a manteiga, as gemas, a água e o chocolate em pó aos poucos. Amasse a mistura ligeiramente com as mãos. Faça uma bola com a massa, embrulhe-a em papel filme e deixe por 15 minutos na geladeira. Asse em forno preaquecido a 180°. Com o rolo, abra a massa e forre uma forma redonda. Com o garfo, fure a massa, asse até dourar e recheie.

Para o recheio, em uma panela, coloque a água e o açúcar, mexa até a calda ficar em ponto de fio fraco e deixe esfriar. Passe as gemas por uma peneira, coloque-as na calda fria e cozinhe em fogo baixo, mexendo sempre. Acrescente a baunilha, deixe esfriar, recheie e decore com chocolate.

Ingredientes

PARA A MASSA

- *1 e ½ xícara (chá) de farinha de trigo*
- *2 colheres (sopa) de açúcar*
- *100 g de manteiga*
- *2 gemas*
- *1 e ½ xícara (chá) de água*
- *2 colheres (sopa) de chocolate em pó*

PARA O RECHEIO

- *½ xícara (chá) de água*
- *½ xícara (chá) de açúcar*
- *6 gemas*
- *1 colher (café) de baunilha*
- *Raspas de chocolate para decorar*

Pavê trufado DE MAÇÃ

Ingredientes

- *4 maçãs descascadas em fatias*
- *1 xícara (chá) de açúcar*
- *300 g de chocolate ao leite picado*
- *1 lata de creme de leite*
- *¼ de xícara (chá) de licor de chocolate*
- *1 xícara (chá) de leite*
- *2 colheres (sopa) de chocolate em pó*
- *1 pacote de biscoito de maisena*

DICA DO CONFEITEIRO

Coloque raspas de chocolate sobre o pavê.

TEMPO DE PREP.	40 min.
DIFICULDADE	fácil
RENDIMENTO	10 porções

Modo de Preparo

Coloque as maçãs com o açúcar na panela e deixe cozinhar. Reserve. Derreta o chocolate em banho-maria e acrescente o creme de leite e o licor. Reserve. Misture o leite com o chocolate e nele passe os biscoitos. Em um refratário, coloque o creme de chocolate, os biscoitos, as maçãs e repita, terminando com o chocolate. Leve à geladeira e sirva bem gelado.

Pavê quero mais

Ingredientes

- *1 xícara (chá) de açúcar mascavo*
- *1 lata de creme de leite*
- *200 g de manteiga*
- *1 pacote de biscoito champanhe*
- *1 xícara (chá) de leite*
- *1 colher (sopa) de baunilha*
- *1 lata de doce de leite*
- *100 g de chocolate ao leite*
- *1 caixinha de creme de leite*

TEMPO DE PREP.	3 horas
DIFICULDADE	médio
RENDIMENTO	10 porções

Modo de Preparo

Em uma batedeira, bata o açúcar, o creme de leite e a manteiga. Reserve. Coloque a mistura em um refratário e faça uma camada de biscoito embebido com leite e baunilha por cima. Monte uma camada de creme e vá alternando as camadas com doce de leite, deixando por cima o biscoito e finalizando com a cobertura. Leve à geladeira por 2 horas. Para a cobertura, derreta o chocolate em banho-maria e misture o creme de leite.

Pavê diet SEM BISCOITO

Ingredientes

- *1 lata de leite condensado diet*
- *800 ml de leite desnatado*
- *200 g coco ralado sem açúcar*
- *1 e ½ colher (sopa) de amido milho*
- *1 lata de creme de leite light*
- *10 colheres (sopa) de chocolate em pó diet*
- *Raspas de chocolate ao leite diet*

Modo de Preparo

Coloque na panela todos os ingredientes e leve-os ao fogo até engrossar. Passe a mistura para um refratário e reserve. Para a cobertura, misture bem o creme de leite light e o chocolate em pó e coloque-o sobre o creme. Leve à geladeira por 1 hora. Faça a decoração com as raspas de chocolate.

TEMPO DE PREP.	2 horas
DIFICULDADE	fácil
RENDIMENTO	12 porções

Pavê cremoso DE CHOCOLATE SEM BISCOITO

Ingredientes

PARA O CREME DE CONFEITEIRO

- *½ litro de leite*
- *3 gemas*
- *2 colheres (sopa) de amido de milho*
- *1 xícara (chá) de açúcar*
- *1 colher (sopa) de manteiga*
- *1 colher (sobremesa) de baunilha*

PARA O CREME DE CHOCOLATE

- *300 g de chocolate meio amargo*
- *250 ml de creme de leite fresco*
- *1 colher (sopa) de glucose de milho*

PARA A MARIA-MOLE

- *1 embalagem de mistura para maria-mole de chocolate*

Modo de Preparo

Para o creme de confeiteiro, coloque todos os ingredientes na panela e leve-os ao fogo médio até engrossar. Deixe esfriar. Para o creme de chocolate, derreta o chocolate em banho-maria, misture o creme de leite e a glucose de milho. Reserve. Prepare a maria-mole conforme as instruções da embalagem e reserve. Para montar, em um refratário, coloque o creme de chocolate, o creme de confeiteiro, repita as camadas, coloque a maria-mole e finalize com o creme de chocolate. Leve à geladeira por 1 hora.

TEMPO DE PREP.	90 min.
DIFICULDADE	médio
RENDIMENTO	8 porções

Pavê falso de chocolate COM BANANA

TEMPO DE PREP.	45 min.
DIFICULDADE	fácil
RENDIMENTO	8 porções

Ingredientes

- *2 xícaras (chá) de leite*
- *1 lata de creme de leite*
- *2 gemas*
- *3 colheres (sopa) de amido de milho*
- *200 g de chocolate ao leite*
- *½ xícara (chá) de açúcar*
- *Suco de 1 limão*
- *3 bananas-nanicas*
- *1 xícara (chá) de doce de leite*
- *1 xícara (chá) de chantilly pronto*
- *Chocolate em pó*

Modo de Preparo

Em uma panela, misture o leite, o creme de leite, as gemas e o amido de milho. Leve ao fogo baixo até engrossar e adicione o chocolate picado. Mexa bem e reserve. Coloque na panela o açúcar, o suco de limão e as bananas em rodelas, até que fique na cor de caramelo. Reserve. Para a montagem, em pequenas taças, coloque o creme de chocolate e, em seguida o doce de leite misturado com um pouco de banana picada. Cubra o restante das taças com chantilly e salpique o chocolate. Sirva bem gelado.

Pavê de baunilha COM BISCOITO DE CHOCOLATE

TEMPO DE PREP.	45 min.
DIFICULDADE	médio
RENDIMENTO	8 porções

Ingredientes

PARA O CREME DE BAUNILHA

- *3 gemas*
- *1 lata de leite condensado*
- *2 colheres (sopa) de amido de milho*
- *1 xícara (chá) de leite*
- *1 colher (sobremesa) de baunilha*

PARA O CREME DE CHOCOLATE

- *3 claras em neve*
- *6 colheres (sopa) de açúcar*
- *6 colheres (sopa) de chocolate em pó*
- *1 lata de creme de leite*
- *1 pacote de biscoito com recheio de chocolate*

PARA A MONTAGEM

- *Raspas de chocolate ao leite*

Modo de Preparo

Coloque todos os ingredientes na panela, menos a baunilha. Leve ao fogo médio até engrossar e acrescente a baunilha. Misture bem e reserve. Para o creme de chocolate, coloque em banho-maria as claras e o açúcar, deixe amornar e transfira para a batedeira. Bata até o ponto de suspiro. Acrescente o chocolate em pó e o creme de leite. Reserve. Para montar, em uma taça, coloque o creme de baunilha, o biscoito picado, o creme de chocolate e repita esta operação, até finalizar com o creme de chocolate. Decore com raspas de chocolate e leve à geladeira.

Pavê de morango COM CHOCOLATE NA TAÇA

Ingredientes

- *100 g de chocolate meio amargo*
- *1 lata de doce de leite*
- *1 xícara (chá) de leite*
- *2 colheres (sopa) de chocolate em pó*
- *1 pacote de biscoito champanhe*
- *1 caixa de morangos*

TEMPO DE PREP.	50 min.
DIFICULDADE	médio
RENDIMENTO	8 porções

Modo de Preparo

Derreta o chocolate em banho-maria e misture o doce de leite, até formar um creme homogêneo. Misture o leite com o chocolate em pó e banhe os biscoitos. Em uma taça, coloque o creme de chocolate e acrescente os morangos picados, os biscoitos banhados e repita as camadas. Termine com o creme de chocolate e decore com morangos. Leve à geladeira por 30 minutos.

Pavê de morango COM COOKIES DE CHOCOLATE

Ingredientes

- *1 lata de creme de leite*
- *1 lata de leite condensado*
- *1 envelope de suco de morango em pó*
- *100 g de cookies sabor chocolate*
- *Raspas de chocolate branco*

TEMPO DE PREP.	2 horas
DIFICULDADE	fácil
RENDIMENTO	5 porções

Modo de Preparo

No liquidificador, bata o creme de leite, o leite condensado e o envelope de suco de morango, até obter uma mistura homogênea. Adicione os biscoitos esfarelados e misture delicadamente. Coloque a mistura em uma taça e leve à geladeira por 90 minutos. Sirva gelado. Cubra o pavê com lascas de chocolate branco.

Brigadeiro 100% cacau

Ingredientes

- *1 lata de leite condensado*
- *2 colheres (sopa) de manteiga*
- *3 colheres (sopa) de cacau em pó (100%)*
- Nibs *de cacau para confeitar*

Modo de Preparo

Em uma panela, cozinhe todos os ingredientes, exceto o *nibs*, até desgrudar do fundo da panela. Espere esfriar e faça as bolinhas. Role os brigadeiros nos *nibs* e sirva em forminhas.

TEMPO DE PREP.	1 hora
DIFICULDADE	fácil
RENDIMENTO	25 unidades

Indicação especial: Madame Formiga/ Chef Isabela Ferracini

Brigadeiro de mel E CACHAÇA

TEMPO DE PREP.	90 min.
DIFICULDADE	fácil
RENDIMENTO	30 unidades

Ingredientes

- *1 lata de leite condensado*
- *1 caixinha de creme de leite*
- *100 g de chocolate meio amargo*
- *1 colher (sopa) de mel*
- *¼ de xícara (chá) de cachaça*
- *Manteiga*
- *150 g de granulado meio amargo*

Modo de Preparo

Em uma panela, coloque o leite condensado, o creme de leite, o chocolate, o mel e a cachaça. Leve a mistura ao fogo baixo, mexendo sem parar, até ver o fundo da panela. Transfira-a para um prato e deixe esfriar. Leve à geladeira por 1 hora. Passe manteiga nas mãos e faça bolinhas. Depois, passe-as no granulado.

Brigadeiro de café

TEMPO DE PREP.	90 min.
DIFICULDADE	fácil
RENDIMENTO	30 unidades

Ingredientes

- *1 lata de leite condensado*
- *1 lata de creme de leite*
- *100 g de chocolate meio amargo*
- *2 colheres (sopa) de café solúvel*
- *Manteiga*
- *100 g de granulado meio amargo*

Modo de Preparo

Em uma panela, coloque todos os ingredientes (exceto a manteiga e o granulado) e leve ao fogo baixo, mexendo sem parar, até ver o fundo da panela. Transfira a mistura para um prato e deixe-a esfriar. Leve à geladeira por 1 hora. Passe manteiga nas mãos e faça bolinhas. Depois, passe-as no granulado.

Brigadeiro capim-santo

Ingredientes

- *1 lata de leite condensado*
- *1 caixinha de creme de leite*
- *100 g de chocolate branco em barra*
- *1 xícara (chá) de capim-santo picado*
- *¼ de xícara (chá) de água*
- *Manteiga*
- *Confeitos crocantes de chocolate branco*

TEMPO DE PREP.	90 min.
DIFICULDADE	fácil
RENDIMENTO	30 unidades

Modo de Preparo

Em uma panela, coloque o leite condensado, o creme de leite e o chocolate. No liquidificador, bata o capim-santo com a água, passe-o pela peneira e acrescente-o na panela. Leve ao fogo, mexendo até ver o fundo da panela. Transfira a mistura para um prato e deixe-a esfriar. Leve à geladeira por 1 hora. Passe manteiga nas mãos e faça bolinhas. Depois, passe-as nos confeitos crocantes.

Brigadeiro gourmet DE PIMENTA

TEMPO DE PREP.	90 min.
DIFICULDADE	fácil
RENDIMENTO	30 unidades

Ingredientes

- *1 lata de leite condensado*
- *1 lata de creme de leite*
- *100 g de chocolate branco em barra*
- *1 colher (sopa) de pimenta dedo-de-moça bem picada e sem sementes (pode ser substituída por geleia de pimenta)*
- *Granulado de chocolate branco*

Modo de Preparo

Em uma panela, coloque todos os ingredientes (exceto o granulado). Leve-a ao fogo baixo, mexendo sem parar, até ver o fundo da panela. Transfira a mistura para um prato e deixe-a esfriar. Leve à geladeira por 1 hora. Cubra com granulado e sirva em pequenas forminhas de louça.

Brigadeiro gourmet DE COCO

TEMPO DE PREP.	90 min.
DIFICULDADE	fácil
RENDIMENTO	30 unidades

Ingredientes

- *1 lata de leite condensado*
- *1 caixinha de creme de leite*
- *¼ de xícara (chá) de leite de coco*
- *Manteiga*
- *50 g de coco ralado fino*
- *Cravo para decorar*

Modo de Preparo

Em uma panela, coloque o leite condensado, o creme de leite e o leite de coco. Leve-a ao fogo baixo, mexendo sem parar, até ver o fundo da panela. Transfira a mistura para um prato e deixe-a esfriar. Leve à geladeira por 1 hora. Passe manteiga nas mãos e faça bolinhas. Passe-as no coco ralado fino e decore com um cravo.

Brigadeiro de pistache

TEMPO DE PREP.	90 min.
DIFICULDADE	fácil
RENDIMENTO	30 unidades

Ingredientes

- *1 lata de leite condensado*
- *1 lata de creme de leite*
- *150 g de chocolate ao leite em barra*
- *Manteiga*
- *150 g de pistache triturado*

Modo de Preparo

Coloque na panela todos os ingredientes (exceto a manteiga e o pistache). Leve-a ao fogo baixo, mexendo sem parar, até ver o fundo da panela. Transfira a mistura para um prato e deixe-a esfriar. Leve à geladeira por 1 hora. Passe manteiga nas mãos e faça bolinhas. Passe-as no pistache triturado.

Brigadeiro gourmet DE CHOCOLATE BRANCO

Ingredientes

- *1 lata de leite condensado*
- *1 lata de creme de leite*
- *100 g de chocolate branco em barra*
- *1 colher (sopa) de mel*
- *Manteiga*
- *Granulado colorido*

TEMPO DE PREP.	2 horas
DIFICULDADE	fácil
RENDIMENTO	5 porções

Modo de Preparo

Em uma panela, coloque todos os ingredientes (exceto a manteiga e o granulado). Leve-a ao fogo baixo, mexendo sem parar, até ver o fundo da panela. Transfira a mistura para um prato e deixe-a esfriar. Leve à geladeira por 1 hora. Passe manteiga nas mãos e faça bolinhas. Depois, passe-as no granulado colorido.

Brigadeiro rústico COM CANELA

Ingredientes

- *1 lata de leite condensado*
- *1 lata de creme de leite*
- *100 g de chocolate ao leite em barra*
- *50 g de nozes picadas*
- *Manteiga*
- *Chocolate em pó*
- *Canela*

TEMPO DE PREP.	90 min.
DIFICULDADE	fácil
RENDIMENTO	30 unidades

Modo de Preparo

Em uma panela, coloque todos os ingredientes (exceto a manteiga, o chocolate em pó e a canela). Leve-a ao fogo baixo, mexendo sem parar, até ver o fundo da panela. Transfira a mistura para um prato e deixe-a esfriar. Leve à geladeira por 1 hora. Passe manteiga nas mãos e faça bolinhas. Depois, passe-as no chocolate em pó e na canela.

Brigadeiro blue

TEMPO DE PREP.	90 min.
DIFICULDADE	fácil
RENDIMENTO	30 unidades

Ingredientes

- *1 lata de leite condensado*
- *1 caixinha de creme de leite*
- *100 g de chocolate branco em barra*
- *Manteiga*
- *Granulado azul para enfeitar*

Modo de Preparo

Em uma panela, coloque todos os ingredientes (exceto a manteiga e o granulado). Leve-a ao fogo baixo, mexendo sem parar, até ver o fundo da panela. Transfira a mistura para um prato e deixe-a esfriar. Leve à geladeira por 1 hora. Passe manteiga nas mãos e faça bolinhas. Depois, passe-as no granulado.

Brigadeiro tradicional

TEMPO DE PREP.	90 min.
DIFICULDADE	fácil
RENDIMENTO	30 unidades

Ingredientes

- *1 lata de leite condensado*
- *1 lata de creme de leite*
- *100 g de chocolate ao leite em barra*
- *Manteiga*
- *Granulado de chocolate ao leite*

Modo de Preparo

Em uma panela, coloque todos os ingredientes (exceto a manteiga e o granulado). Leve-a ao fogo baixo, mexendo sem parar, até ver o fundo da panela. Transfira a mistura para um prato e deixe esfriar. Leve à geladeira por 1 hora. Passe manteiga nas mãos e faça bolinhas. Depois, passe-as no granulado.

Musse de iogurte COM CHOCOLATE BRANCO

Ingredientes

- *2 potes de iogurte natural*
- *1 xícara (chá) de leite*
- *1 xícara (chá) de açúcar*
- *6 colheres (sopa) de leite em pó integral*
- *1 envelope de gelatina sem sabor*
- *200 g de chocolate branco*
- *Raspas de limão para decorar*

TEMPO DE PREP.	90 min.
DIFICULDADE	médio
RENDIMENTO	10 porções

Modo de Preparo

No liquidificador, bata o iogurte, o leite, o açúcar e o leite em pó. Hidrate a gelatina e acrescente-a à mistura. Derreta o chocolate em banho-maria e junte-o à mistura do liquidificador. Distribua em taças ou potes e leve-a à geladeira. Sirva com raspas de limão.

Musse dos sonhos

Ingredientes

- *2 latas de creme de leite*
- *1 lata de leite condensado*
- *1 xícara (chá) de chocolate em pó*
- *1 envelope de gelatina sem sabor*
- *Biscoitos recheados de sua preferência*

Modo de Preparo

Na batedeira, bata o creme de leite, o leite condensado e o chocolate em pó. Acrescente a gelatina já hidratada à mistura. Adicione os biscoitos cortados ao meio à musse. Leve-a em refratários pequenos ou em taças para a geladeira por 1 hora.

TEMPO DE PREP.	90 min.
DIFICULDADE	médio
RENDIMENTO	10 porções

Suflê de chocolate COM CAFÉ

TEMPO DE PREP.	40 min.
DIFICULDADE	médio
RENDIMENTO	6 porções

Ingredientes

- *200 g de chocolate meio amargo*
- *100 g de manteiga*
- *2 colheres (sopa) de café forte (já coado)*
- *6 ovos*
- *½ xícara (chá) de açúcar*
- *1 xícara (chá) de chocolate em pó*
- *Açúcar de confeiteiro*

Modo de Preparo

Derreta o chocolate picado em banho-maria, adicione a manteiga, o café e mexa bem. Retire a mistura do fogo e espere que esfrie totalmente, mexendo de vez em quando. Acrescente as gemas, misture bem e reserve. Na batedeira, bata as claras e adicione, aos poucos, o açúcar. Acrescente o creme de chocolate reservado, misturando-o delicadamente com uma espátula. Distribua entre as forminhas untadas com manteiga e açúcar e coloque-as numa assadeira. Asse em forno preaquecido a 180° por 25 minutos. Retire o suflê do forno e polvilhe-o com chocolate em pó ou açúcar de confeiteiro.

Pudim de chocolate
COM COBERTURA CROCANTE

Ingredientes

PARA O PUDIM

- *1 xícara (chá) de açúcar*
- *1 lata de leite condensado*
- *2 xícaras (chá) de leite*
- *2 colheres (sopa) de chocolate em pó*
- *3 ovos*

PARA A COBERTURA

- *1 xícara (chá) de açúcar*
- *1 xícara (chá) de nozes torradas e trituradas*
- *1 colher (sopa) de manteiga*

TEMPO DE PREP.	2 horas
DIFICULDADE	médio
RENDIMENTO	8 porções

Modo de Preparo

Caramelize uma forma para pudim com o açúcar e reserve. No liquidificador, bata o leite condensado, o leite, o chocolate e os ovos. Despeje a mistura em forminhas de louça individuais a e asse-as em banho-maria, em forno a 180°, por 1 hora. Após gelado, espalhe a cobertura crocante por cima. Para a cobertura, leve ao fogo o açúcar até caramelizar e junte as nozes. Despeje sobre um mármore untado com manteiga e, depois de frio, quebre o caramelo em pequenos pedaços.

Pudim de pão COM CHOCOLATE

Ingredientes

- *2 xícaras (chá) de leite quente*
- *2 pães franceses cortados em pequenos pedaços*
- *1 lata de leite condensado*
- *3 ovos*
- *2 colheres (sopa) de chocolate em pó*
- *1 colher (sopa) de manteiga*
- *1 colher (café) de canela*
- *50 g de ameixa-preta picada*
- *50 g de uvas-passas*
- *Manteiga para untar*
- *Açúcar cristal*

TEMPO DE PREP.	2 horas
DIFICULDADE	fácil
RENDIMENTO	20 porções

Modo de Preparo

Despeje o leite sobre os pães e deixe-os amolecer. Em seguida, coloque-os no liquidificador com o leite condensado, os ovos, o chocolate, a manteiga e a canela. Retire a mistura do liquidificador e acrescente a ameixa e as uvas-passas. Unte uma forma para pudim com manteiga e polvilhe açúcar. Asse o pudim em forno preaquecido a 180°, por 90 minutos. Desenforme depois de frio e sirva gelado.

Pudim chococoffee
COM CALDA DE CHOCOLATE

Ingredientes
- *1 lata de leite condensado*
- *1 xícara (chá) de leite*
- *1 xícara (chá) de chocolate em pó*
- *1 colher (sobremesa) de café solúvel*
- *4 ovos*
- *1 colher (sopa) de manteiga*
- *Açúcar*

TEMPO DE PREP.	2 horas
DIFICULDADE	fácil
RENDIMENTO	8 porções

PARA A CALDA
- *1 xícara (chá) de leite*
- *½ xícara (chá) de chocolate em pó*
- *1 colher (sopa) de manteiga*

Modo de Preparo
No liquidificador, bata o leite condensado, o leite, o chocolate, o café, os ovos e a manteiga. Coloque a mistura em uma forma de pudim untada com manteiga e açúcar e leve-a ao banho-maria no forno por 1 hora ou até ficar firme. Deixe esfriar, leve à geladeira por 1 hora, desenforme e cubra com a calda. Para a calda, coloque os ingredientes na panela e deixe-os até ferver. Sirva quente.

Pudim de leite em pó

DE CHOCOLATE COM AMÊNDOAS

TEMPO DE PREP.	90 min.
DIFICULDADE	fácil
RENDIMENTO	8 porções

Ingredientes

- *2 xícaras (chá) de água*
- *12 colheres (sopa) de açúcar*
- *16 colheres (sopa) de leite em pó*
- *3 ovos*
- *5 colheres (sopa) de chocolate em pó*
- *½ xícara (chá) de açúcar para caramelizar*
- *¼ xícara (chá) de água*
- *Amêndoas*

Modo de Preparo

No liquidificador, bata a água, o açúcar, o leite em pó, os ovos e o chocolate. Bata bem e reserve. Em uma forma de pudim, coloque o açúcar e a água e faça o caramelo. Adicione a massa e asse em banho-maria no forno por 1 hora. Deixe esfriar, leve à geladeira e desenforme. Coloque as amêndoas picadas no centro do pudim.

Pudim falso de leite
COM CHOCOLATE E CHANTILLY

TEMPO DE PREP.	3 horas
DIFICULDADE	médio
RENDIMENTO	8 porções

Ingredientes

- *5 ovos*
- *5 colheres (sopa) de açúcar*
- *1 pão francês amanhecido*
- *9 biscoitos maisena*
- *4 xícaras (chá) de leite*
- *2 xícaras (chá) de chocolate em pó*
- *5 colheres de cobertura para sorvete sabor chocolate*
- *500 ml de chantilly*
- *Raspas de chocolate meio amargo*

Modo de Preparo

No liquidificador, coloque todos os ingredientes (exceto o chantilly e as raspas de chocolate), bata bem e reserve-os. Coloque em uma forma com buraco no meio e leve-a ao forno em banho-maria por 1 hora ou até ficar firme. Deixe esfriar, leve à geladeira por uma hora e desenforme. Coloque o chantilly no centro do pudim e cubra com raspas de chocolate.

Profiteroles com recheio DE CREME DE CHOCOLATE

Ingredientes

PARA A MASSA

- *2 xícaras (chá) de água*
- *¾ de xícara (chá) de azeite de oliva*
- *3 xícaras (chá) de farinha de trigo*
- *6 ovos*
- *1 xícara (chá) de açúcar*
- *1 colher (chá) de sal*
- *1 colher (café) de essência de baunilha*

PARA O CREME

- *1 e ½ xícara (chá) de leite*
- *1 gema*
- *1 lata de doce de leite*
- *½ xícara (chá) de chocolate em pó*
- *3 colheres (sopa) de maisena*

TEMPO DE PREP.	90 min.
DIFICULDADE	médio
RENDIMENTO	25 porções

Modo de Preparo

DA MASSA

Em uma panela, coloque a água, o azeite e acrescente a farinha de trigo. Mexa até cozinhar e formar uma massa lisa e firme. Espere esfriar, despeje os ovos batidos aos poucos, o açúcar e o sal. Mexa com uma colher de pau, até formar uma massa homogênea. Acrescente a baunilha e mexa novamente. Coloque a massa em um saco de confeitar e faça bolinhas em forma untada e enfarinhada. Asse em forno preaquecido 180°, por 35 minutos ou até dourar.

DO CREME

Para creme, em um liquidificador, bata 1 xícara de leite, a gema, o doce de leite e o chocolate em pó. Coloque a mistura em uma panela e, assim que levantar fervura, dissolva a maisena com a ½ xícara de leite. Misture bem e cozinhe até formar um creme. Deixe esfriar, corte e recheie os profiteroles.

Torrone caseiro
COM BOLINHAS DE CHOCOLATE

TEMPO DE PREP.	3 horas
DIFICULDADE	médio
RENDIMENTO	20 porções

Ingredientes

- *2 xícaras (chá) de aveia*
- *2 xícaras (chá) de açúcar*
- *½ xícara (chá) de chocolate em pó*
- *200 g de manteiga*
- *½ xícara (chá) de leite*
- *Confeitos do tipo bolinhas de chocolate crocante*
- *1 pacote de biscoito água e sal*

Modo de Preparo

Em uma panela, coloque a aveia, o açúcar e o chocolate em pó. Adicione a manteiga e o leite aos poucos e misture tudo. Leve ao fogo, mexendo até a manteiga derreter. Deixe ferver, baixe o fogo e deixe por 5 minutos. Retire a mistura do fogo e coloque as bolinhas crocantes de chocolate. Em uma travessa média, disponha uma camada do creme e, em seguida, uma camada de biscoito. Alterne as camadas, terminando com uma camada de chocolate. Cubra com filme e leve à geladeira por cerca 2 horas. Corte-o em quadradinhos.

Copinhos de Amaretto

TEMPO DE PREP.	50 min.
DIFICULDADE	fácil
RENDIMENTO	30 porções

Ingredientes

- *½ kg de chocolate meio amargo*
- *1 lata de leite condensado*
- *½ xícara (chá) de creme de leite*
- *2 colheres (sopa) de cacau em pó*
- *1 colher (sopa) de manteiga*
- *2 colheres (sopa) de licor Amaretto*
- *Frutas vermelhas para decorar*

Você também precisará de forminhas de silicone

Modo de Preparo

Derreta o chocolate em banho-maria, coloque-o nas forminhas de silicone em forma de copinhos, retire o excesso de chocolate e leve à geladeira até secar. Reserve. Em uma panela, coloque os demais ingredientes, menos o licor. Leve ao fogo até a mistura soltar da panela e acrescente o licor. Misture novamente. Deixe esfriar e recheie os copinhos. Complete com as frutas vermelhas.

Cake pop de coco COM CHOCOLATE

TEMPO DE PREP.	40 min.
DIFICULDADE	fácil
RENDIMENTO	30 unidades

Ingredientes

- *200 g de chocolate ao leite*
- *1 bolo médio sabor chocolate*
- *100 g de coco ralado*
- *1 xícara (chá) de leite condensado*
- *200 g de chocolate branco para cobertura*
- *Granulado de variados sabores*
- *30 palitos de pirulito ou espetos de madeira*

Você também precisará de uma placa de isopor

Modo de Preparo

Em uma tigela, derreta o chocolate em banho-maria, esfarele o bolo sobre o ingrediente e acrescente o coco ralado. Aos poucos, coloque o leite condensado sobre a mistura e mexa bem. Deixe descansar por 20 minutos e faça as bolinhas em forma de pirulito. Derreta o chocolate branco em banho-maria e reserve. Molhe a ponta dos palitos e espete-a nas bolinhas. Banhe as bolinhas no chocolate branco, escorra o excesso e passe-as no granulado de sua preferência. Depois de seco, espete os palitos em um isopor e deixe na geladeira por 5 minutos.

Pirulitos recheados COM BRIGADEIRO

TEMPO DE PREP.	50 min.
DIFICULDADE	fácil
RENDIMENTO	20 unidades

Ingredientes

PARA A MASSA

- *1 pacote de biscoito de maisena*
- *20 palitos*
- *300 g de chocolate branco para cobertura*
- *50 g de chocolate ao leite para cobertura*

PARA O RECHEIO

- *1 lata de leite condensado*
- *1 colher (sopa) de manteiga*
- *4 colheres (sopa) de chocolate em pó*

Modo de Preparo

Em uma panela, coloque todos os ingredientes do recheio, leve ao fogo até atingir o ponto de brigadeiro e deixe esfriar. Recheie os pares de biscoitos como se fossem sanduíches e coloque um palito no meio. Derreta o chocolate branco em banho-maria e banhe os pirulitos. Leve-os à geladeira até secar, em uma forma forrada com papel-alumínio. Retire-os e derreta o chocolate ao leite. Banhe apenas metade dos pirulitos, para que fiquem com 2 cores, e leve-os de volta à geladeira. Deixe secar.

Pirulitos recheados COM DOCE DE LEITE

TEMPO DE PREP.	30 min.
DIFICULDADE	fácil
RENDIMENTO	20 unidades

Ingredientes

- *1 pacote de biscoito maria*
- *1 lata de doce de leite*
- *20 palitos de sorvete*
- *300 g de chocolate ao leite para cobertura*

Modo de Preparo

Faça sanduíches de doce de leite com os biscoitos, colocando os palitos de sorvete no meio. Derreta o chocolate ao leite em banho-maria e mergulhe os pirulitos. Leve-os à geladeira até secar, em uma forma forrada com papel-alumínio. Deixe descansar fora da geladeira por 20 minutos e sirva.

Pão de mel ECONÔMICO

Ingredientes

PARA A MASSA

- *1 e ½ xícara (chá) de açúcar mascavo*
- *1 xícara (chá) de água*
- *3 ovos*
- *1 e ½ xícara (chá) de farinha de trigo*
- *½ xícara (chá) de glucose de milho*
- *½ xícara (chá) de mel*
- *1 colher (sopa) de chocolate em pó*
- *3 colheres (sopa) de óleo*
- *2 colheres (sopa) de óleo*
- *1 colher (café) de canela, cravo em pó e cardamomo*

PARA A COBERTURA

- *300 g de chocolate para cobertura ao leite*

TEMPO DE PREP.	1 hora
DIFICULDADE	médio
RENDIMENTO	20 unidades

Modo de Preparo

Em uma panela, coloque o açúcar mascavo e a água até ferver. Deixe esfriar e reserve. Em uma batedeira, bata os demais ingredientes e misture o açúcar mascavo que foi diluído na água. Asse em forma retangular média untada e enfarinhada em forno preaquecido a 180°, por 30 minutos ou até dourar. Deixe esfriar. Corte em quadradinhos. Para a cobertura, derreta o chocolate em banho-maria, passe nele o pão de mel, coloque-o sobre um prato forrado com papel-alumínio e leve à geladeira até secar.

Pão de mel integral DE CHOCOLATE

Ingredientes

- *1 xícara (chá) de leite*
- *1 xícara (chá) de açúcar mascavo*
- *½ xícara (chá) de chocolate em pó*
- *1 xícara (chá) de farinha de trigo*
- *1 colher (chá) de canela em pó*
- *1 colher (chá) de cravo-da-índia*
- *½ xícara (chá) de mel*
- *1 colher (chá) de bicarbonato de sódio*
- *1 pitada de sal*
- *2 colheres (chá) de fermento em pó*
- *½ kg de chocolate fracionado meio amargo para cobertura*

TEMPO DE PREP.	1 hora
DIFICULDADE	médio
RENDIMENTO	20 unidades

Modo de Preparo

Misture todos os ingredientes, menos o chocolate, e misture bem. Asse em forno preaquecido a 180°, em assadeira untada. Deixe esfriar e corte os pedaços em formato de coração. Derreta o chocolate em banho-maria e passe os pedaços da massa. Coloque-os sobre papel-alumínio e leve à geladeira até secar.

Crepe de chocolate

TEMPO DE PREP.	40 min.
DIFICULDADE	médio
RENDIMENTO	6 porções

Ingredientes

- *4 ovos*
- *1 pitada de sal*
- *½ xícara (chá) de açúcar*
- *½ xícara (chá) de chocolate em pó*
- *1 lata de creme de leite*
- *1 xícara (chá) de farinha de trigo*
- *4 bananas-prata*
- *Manteiga*
- *Amêndoas*

Modo de Preparo

Em um liquidificador, bata os ovos, o sal, o açúcar, o chocolate em pó, o creme de leite, a farinha de trigo e deixe descansar enquanto prepara o recheio. Para o recheio, coloque as bananas por 4 minutos no micro-ondas, com casca. Ainda quente, tira as cascas e amasse, criando um purê. Para montar, derreta um pouco de manteiga em uma frigideira e frite pequenas porções da massa. Deixe dourar de ambos os lados. Mantenha os crepes aquecidos dentro de um recipiente refratário. Espalhe um pouco de recheio sobre cada massa e dobre-as em quatro. Cubra com lascas de amêndoas.

Crepe de maracujá COM CHOCOLATE

Ingredientes

PARA O CREPE

- *1 ovo*
- *1 xícara (chá) de leite*
- *½ xícara (chá) de farinha de trigo*
- *1 pitada de sal*
- *Manteiga para untar*

PARA O RECHEIO

- *250 g creme de leite fresco*
- *200 g de chocolate para cobertura meio amargo*
- *2 colheres (sopa) de licor de maracujá*

PARA A CALDA

- *2 maracujás maduros*
- *1 xícara (chá) de açúcar*

TEMPO DE PREP.	40 min.
DIFICULDADE	médio
RENDIMENTO	6 porções

Modo de Preparo

Para o crepe, no liquidificador, bata todos os ingredientes. Reserve. Em uma frigideira untada com manteiga, despeje uma concha da massa e deixe dourar dos dois lados. Para o recheio, aqueça o creme de leite em banho-maria, acrescente o chocolate picado e mexa até derreter. Depois, acrescente o licor. Para a calda, em uma panela, coloque a polpa do maracujá com o açúcar e deixe ferver por 10 minutos ou até formar uma calda. Recheie o crepe, dobre-o em quatro e, em seguida, acrescente a calda.

Salaminho DE CHOCOLATE ESPECIAL

Indicação especial: Abimapi

Ingredientes

- *1 lata de leite condensado*
- *5 colheres (sopa) de mel*
- *100 g de manteiga sem sal*
- *1 colher (chá) de essência de baunilha*
- *10 ml de conhaque ou de licor de avelãs*
- *1 colher (café) de pasta de café*
- *3 colheres (sopa) de cacau em pó peneirado*
- *50 g de avelãs ou castanhas-do-pará ou macadâmias picadas*
- *250 g de bolachas maisena ou de leite ou maria bem picadas*

TEMPO DE PREP.	30 min.
DIFICULDADE	fácil
RENDIMENTO	15 porções

DICA DO CONFEITEIRO

Passe o salame pronto em cacau em pó ou em avelãs torradas e moídas.

Modo de Preparo

Junte o leite condensado, o mel, a manteiga, a baunilha, o conhaque, a pasta de café e o cacau em pó. Misture bem e leve ao fogo alto, até iniciar a fervura. Em seguida, diminua para fogo brando e mexa constantemente, até obter o ponto de brigadeiro de colher mais firme. Retire a mistura do fogo e junte as avelãs e as bolachas picadas. Misture tudo e coloque em um saco plástico grosso, dando o formato de um salame. Deixe esfriar, retire o plástico e corte as fatias a gosto.

Salaminho fácil DE CHOCOLATE

TEMPO DE PREP.	3 horas
DIFICULDADE	fácil
RENDIMENTO	15 porções

Ingredientes

- *1 lata de leite condensado*
- *5 colheres (sopa) de chocolate em pó*
- *½ xícara (chá) de creme de leite de caixinha*
- *50 g de chocolate ao leite picado*
- *1 pacote de biscoito de maisena*
- *Manteiga para untar*

Modo de Preparo

Em uma panela, leve ao fogo o leite condensado, o chocolate em pó, o creme de leite e o chocolate ao leite picado. Misture bem, mexendo sempre, até obter o ponto de creme consistente. Retire do fogo e acrescente os biscoitos picados. Unte um pedaço de papel-alumínio com manteiga e despeje a massa. Enrole em formato de um rocambole, feche as pontas e leve-o à geladeira por 2 horas ou até ficar bem gelado. Corte as fatias e sirva.

Bombons fitness

TEMPO DE PREP.	90 min.
DIFICULDADE	fácil
RENDIMENTO	10 unidades

Ingredientes

- *1 xícara (chá) de pasta de amendoim integral*
- *½ xícara (chá) de amendoim torrado sem sal e triturado*
- *½ xícara (chá) de melado*
- *4 colheres (sopa) de proteína de arroz*
- *100 g de chocolate amargo derretido em banho-maria*

Modo de Preparo

Em um recipiente, misture todos os ingredientes, até obter uma massa homogênea. Modele os bombons e leve-os ao refrigerador por 1 hora.

Indicação especial: Nutricionista Erika Almeida / Abicab

Chocolate quente caseiro

Ingredientes

- *½ litro de leite*
- *½ lata de leite condensado*
- *1 xícara (chá) de chocolate em pó*
- *1 colher (sopa) de amido de milho*

Modo de Preparo

Coloque na panela todos os ingredientes e mexa até ficar encorpado. Sirva quente.

TEMPO DE PREP.	40 min.
DIFICULDADE	fácil
RENDIMENTO	4 porções

Chocolate quente cremoso

TEMPO DE PREP.	20 min.
DIFICULDADE	fácil
RENDIMENTO	4 porções

Ingredientes

- *½ litro de leite*
- *1 xícara (chá) de açúcar*
- *4 colheres (sopa) de chocolate em pó*
- *1 colher (sopa) de baunilha*
- *100 g de chocolate meio amargo picado*
- *Chantilly*

Modo de Preparo

Em uma panela, coloque o leite, o açúcar, o chocolate em pó e deixe ferver. Retire do fogo e acrescente a baunilha. Coloque a bebida em uma caneca alta, acrescente o chocolate picado e coloque chantilly no saco de confeitar para decorar as canecas.

Chocolate das neves

Ingredientes

- *½ xícara (chá) de leite de coco*
- *¼ de xícara (chá) de licor de chocolate*
- *2 bolas de sorvete de creme ou de chocolate*
- *½ litro de leite*
- *Cobertura de sorvete sabor chocolate*
- *2 colheres (sopa) de chocolate em pó*

Modo de Preparo

No liquidificador, bata todos os ingredientes (exceto a cobertura e o chocolate em pó). Decore suas xícaras grandes com a cobertura de sorvete e nelas coloque a bebida. Polvilhe chocolate em pó.

TEMPO DE PREP.	20 min.
DIFICULDADE	fácil
RENDIMENTO	2 copos

Chocolate refrescante

TEMPO DE PREP.	20 min.
DIFICULDADE	fácil
RENDIMENTO	4 taças

Ingredientes

- *½ litro de leite gelado*
- *2 bolas de sorvete sabor chocolate*
- *2 colheres (sopa) de chocolate em pó*
- *1 colher (sopa) de licor de menta*
- *Raspas de chocolate meio amargo e folhas de hortelã para decorar*

Modo de Preparo

No liquidificador, bata o leite, o sorvete, o chocolate em pó e acrescente o licor. Coloque a mistura em quatro taças, acrescente raspas de chocolate e decore-as com folhas de hortelã.

Fondue de chocolate FUNCIONAL

TEMPO DE PREP.	20 min.
DIFICULDADE	fácil
RENDIMENTO	4 porções

Ingredientes

- *2 xícaras (chá) de chocolate amargo sem lactose*
- *4 colheres (sopa) de biomassa de banana-verde*
- *½ xícara (chá) de leite de amêndoas*
- *1 colher (sobremesa) de licor de cacau*

Modo de Preparo

Em uma panela, misture o chocolate, a biomassa e o leite de amêndoas. Cozinhe até o chocolate derreter. Adicione o licor de cacau e sirva quente com frutas.

Indicação especial: Chef Natália Gueldini / Leve Alimentação

Bombinha de chocolate

TEMPO DE PREP.	1 hora
DIFICULDADE	médio
RENDIMENTO	15 unidades

Ingredientes

PARA A MASSA

- *100 ml de água*
- *1 colher (café) de sal*
- *2 colheres (sopa) de açúcar*
- *60 g de manteiga*
- *1 xícara (chá) de farinha de trigo*
- *4 ovos*

PARA O RECHEIO E PARA A COBERTURA

- *300 g de chocolate ao leite*
- *100 g de creme de leite*
- *1 colher (sopa) de manteiga*
- *100 g de chocolate ao leite para cobertura*

Modo de Preparo

Em uma panela, ferva a água com o sal, o açúcar e a manteiga. Em seguida, acrescente a farinha e mexa bem. Cozinhe a massa até engrossar e soltar do fundo da panela. Transfira para uma batedeira e acrescente os ovos um a um, até a massa ficar homogênea. Coloque a massa em uma manga com bico grande "perlê" e modele-a em formato de cone em uma assadeira untada e enfarinhada. Asse em forno preaquecido a 180°, por 20 a 25 minutos. Deixe esfriar. Para o recheio, derreta o chocolate em banho-maria, acrescente o creme de leite, a manteiga e deixe esfriar. Coloque-o em uma manga com bico "perlê" médio, faça um furo na parte inferior da massa e recheie. Para a cobertura, derreta o chocolate em banho-maria e, com as costas de uma colher, passe a cobertura na massa e leve à geladeira para secar.

Cookie de chocolate

Ingredientes

- *4 xícaras (chá) de farinha de trigo*
- *1 xícara (chá) de açúcar*
- *1 xícara (chá) de leite em pó*
- *1 xícara (chá) de açúcar mascavo*
- *¼ de xícara (chá) de chocolate em pó*
- *200 g margarina*
- *1 ovo*
- *Água*
- *½ xícara (chá) de chocolate picado*

Modo de Preparo

Em uma tigela, coloque a farinha, o açúcar, o leite em pó, o açúcar mascavo, o chocolate em pó, a margarina e faça uma farofa. Acrescente o ovo e, se necessário, adicione um pouco de água. Misture o chocolate picado, faça os *cookies* e asse em assadeira untada e enfarinhada em forno preaquecido a 180º, por 15 minutos.

TEMPO DE PREP.	30 min.
DIFICULDADE	fácil
RENDIMENTO	40 unidades

Pão de chocolate

Ingredientes

- *30 g de fermento em pó*
- *3 colheres (sopa) de açúcar*
- *½ colher (café) de sal*
- *1 xícara (chá) de água*
- *2 colheres (sopa) de margarina*
- *2 ovos inteiros*
- *½ kg de farinha de trigo integral*
- *1 xícara (chá) de chocolate em pó*

TEMPO DE PREP.	1 hora
DIFICULDADE	fácil
RENDIMENTO	2 unidades

Modo de Preparo

Em um recipiente, coloque o fermento, o açúcar, o sal, a água, a margarina e os ovos inteiros. Acrescente, aos poucos, a farinha de trigo e o chocolate em pó, até obter uma massa lisa. Deixe descansar por cerca de 30 minutos. Asse em forno preaquecido a 180°, por 30 minutos. Sirva ainda quente.

Indicação especial: Margarina Amorena

Bolo bombom de festa

TEMPO DE PREP.	30 min.
DIFICULDADE	fácil
RENDIMENTO	40 unidades

Ingredientes

PARA O BOLO

- *4 gemas*
- *2 xícaras (chá) de açúcar*
- *100 g de margarina*
- *1 xícara (chá) de chocolate em pó*
- *2 xícaras (chá) de farinha de trigo com fermento*
- *1 e ½ xícara (chá) de leite*
- *4 claras em neve*

PARA A CALDA

- *1 lata de creme de leite*
- *1 lata de leite condensado*
- *Gotas de baunilha a gosto*
- *6 colheres (sopa) de chocolate em pó*
- *1 pacote de coco seco ralado*

Modo de Preparo

Bata as gemas com o açúcar e a margarina, até formar um creme esbranquiçado. Peneire a farinha com o chocolate e adicione-os ao creme, alternando com o leite. Por último, misture, sem bater, as claras em neve. Coloque a massa em forma untada e enfarinhada. Leve para assar em forno médio (180°C), preaquecido por 35 minutos. Para a calda, bata, no liquidificador, o creme de leite com o leite condensado, a baunilha e o chocolate em pó. Depois do bolo assado e frio, corte-o em quadrados. Banhe os quadrados na calda e, depois, passe-os no coco ralado seco. Embrulhe cada pedaço em papel-alumínio e leve-os à geladeira até o dia seguinte.

Brigadeirão com granulado

Ingredientes

- *1 xícara (chá) de leite*
- *1 lata de leite condensado*
- *1 xícara (chá) de chocolate*
- *1 colher (sopa) de farinha*
- *1 colher (sopa) de manteiga*
- *4 ovos*
- *Manteiga para untar*
- *Açúcar de confeiteiro*
- *Chocolate granulado*

TEMPO DE PREP.	2 horas
DIFICULDADE	médio
RENDIMENTO	8 porções

Modo de Preparo

No liquidificador, bata o leite, o leite condensado, o chocolate, a farinha, a manteiga e as gemas. Bata as claras em neve e misture-as delicadamente. Unte uma forma de pudim com manteiga e polvilhe açúcar. Asse em banho-maria no forno por 1 hora. Deixe-o esfriar e leve à geladeira. Desenforme e cubra-o com chocolate granulado.

Doce vida

Quando consumido com cautela, o chocolate pode ter efeitos terapêuticos e influenciar positivamente o organismo.

Mesmo o chocolate sendo uma delícia, muito se ouve sobre os possíveis males que o doce feito de cacau pode causar à saúde. Essa desconfiança é, muitas vezes, relacionada ao seu alto valor calórico, mas, de acordo com especialistas, são muitos os benefícios que essa tentação pode proporcionar, quando consumida de maneira moderada.

Mais do que um simples doce, o chocolate oferece inúmeras propriedades: pode acalmar a Tensão Pré-Menstrual (TPM); agir como antidepressivo transitório; diminuir o LDL (colesterol ruim) e aumentar o HDL (colesterol bom); diminuir o risco de doenças cardíacas e, ainda, atuar como antioxidante e agente antienvelhecimento.

Para o chocolate ajudar na dieta saudável, Sylvana Braga, nutróloga, reumatóloga, fisiatra e especialista em prática ortomolecular, indica que o limite é consumir apenas 50 g por dia, nunca mais do que isso. Ela é também autora do livro *Dieta Ortomolecular* – o *segredo de rejuvenescer em total harmonia*, que traz mais de cem receitas para se manter saudável de forma natural. Na publicação, Sylvana explica que, além de rico em Vitaminas A, B, C, D, magnésio, manganês, potássio, sódio, ferro, flúor e fósforo, o chocolate apresenta as seguintes substâncias: teobromina (estimula o cérebro); fenilalanina (prazer e euforia); tiramina (estimula os neurônios); cafeína (libera neurotransmissores cerebrais); flavonoides (propriedades antioxidantes) e metilxantina (estimula o sistema nervoso central e traz sensação de prazer).

A dica de especialistas para quem gosta de chocolate e não quer parar de consumi-lo é optar pelo chocolate amargo ou o preto, que são ricos em cobre, substância responsável por afastar doenças cardiovasculares. O amargo apresenta maior porcentagem de antioxidantes, já que contém mais massa de cacau. A versão ao leite é rica em Vitamina B, proteínas e cálcio. É composto por massa de cacau, manteiga de cacau, leite em pó e açúcar. Há também o chocolate *diet*, com sacarina sódica.

Benefícios do chocolate

1. *Também é rico em proteínas.*
2. *Boa fonte de minerais, como ferro, cálcio, magnésio, potássio, fósforo e vitaminas do complexo B.*
3. *O magnésio, presente de forma mais abundante no chocolate com no mínimo 50% de massa de cacau, supre a quantidade diária deste nutriente, que, por sua vez, tem ação antagônica ao cálcio, favorecendo o controle da pressão arterial.*
4. *O chocolate amargo é rico em flavonoides, que são compostos polifenólicos vegetais que atuam como antioxidantes e podem auxiliar na redução dos riscos de doenças cardiovasculares. Em média, o chocolate amargo tem o triplo de antioxidantes que o chocolate ao leite.*

TIPO DE CHOCOLATE	**Média de calorias por barra de 30 g**
Ao leite A massa de cacau é substituída em parte por leite em pó, resultando em um gosto mais adocicado.	137 kcal
Amargo Tem grande concentração de massa de cacau (60% a 85 %) e pouco açúcar.	125 kcal
Meio amargo Apresenta de 40% a 55 % de cacau, pouca quantidade de manteiga de cacau e açúcar.	145 kcal
Branco Contém manteiga de cacau, em vez de massa de cacau.	156 kcal
Dietético É isento de açúcar e destinado ao público diabético, porém, muitas vezes, ele compensa essa ausência com uma maior quantidade de gordura, tornando-se mais calórico do que os chocolates convencionais.	148 kcal

"O chocolate branco não contém massa de cacau em sua fórmula, apenas manteiga de cacau, açúcar e leite, por isso ele não traz tantos benefícios como os demais e não é indicado para quem tem problemas vasculares, diabetes e, até mesmo, para quem está de dieta", explica a nutróloga. Ela observa ainda que o chocolate meio amargo não leva leite em sua composição.

O tipo meio amargo é o mais recomendado por especialistas. Gabriel Cairo Nunes, nutricionista, pós-graduado em Cuidados Nutricionais do Paciente e do Esportista pela Universidade Estadual Paulista (Unesp), reforça que os benefícios do chocolate são provenientes de uma substância que existe em sua composição chamada flavonoide. Estudos mostram que o consumo regular de alimentos ricos em flavonoides pode diminuir o risco de doença cardíaca. "Assim, quando para realizar alguma preparação, ou mesmo para o consumo, é preferível o chocolate meio amargo", aconselha o doutor.

Mitos e verdades

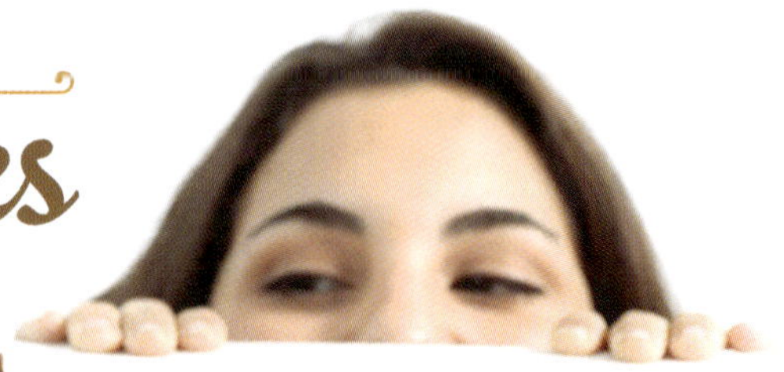

Além do cuidado com os pequenos, existem muitas dúvidas sobre o doce derivado do cacau, principalmente sobre qual é o melhor ou pior tipo para a saúde. Segundo a nutricionista da L&L Espaço Vida ao Corpo, Cecília Gravatá, o ideal é dar preferência aos chocolates amargos e meio amargos, que apresentam maior quantidade de cacau. "O cacau é fonte de flavonoides, substâncias antioxidantes que desempenham papel importante na prevenção da oxidação do colesterol LDL e na inibição de processos inflamatórios no organismo, impedindo o acúmulo de gordura na parede dos vasos sanguíneos. Os chocolates ao leite e branco não têm essas propriedades", afirma a nutricionista. De forma simples, ela explica alguns mitos e verdades que mais deixam o consumidor com a "pulga atrás da orelha". Veja a seguir:

Chocolate *diet* engorda

Verdade! Apesar de não ter açúcar, a quantidade de calorias continua sendo a mesma daquela do chocolate normal, ou até pior, pois, para substituir o açúcar, ele é acrescido de gorduras para manter seu sabor. Portanto, o chocolate *diet* não é recomendado para quem está fazendo regime. Já o chocolate *light*, pelo contrário, apresenta menos calorias do que os outros e é uma ótima opção. Há uma redução de 25% de calorias em relação ao chocolate normal, com possível redução de açúcar, ou de gordura.

Ajuda a melhorar o humor

Verdade! O chocolate contém nutrientes que estimulam a serotonina e a endorfina – neurotransmissores responsáveis pelo prazer, que causam um aumento da sensação de bem-estar e felicidade. Nas mulheres, estudos mostram que o consumo de chocolate diminui os efeitos colaterais da TPM, do mau humor e da agressividade.

Causa acne

Mito! O que pode causar essa impressão é o fato de os alimentos gordurosos aumentarem a oleosidade da nossa pele e, dessa forma, provocarem a proliferação de bactérias que causam a inflamação.

É pobre em nutrientes

Mito! O chocolate tem antioxidantes, gorduras, proteínas, hidrato de carbono, minerais e vitaminas essenciais ao nosso organismo.

Aumenta o colesterol ruim

Mito! O chocolate amargo, por exemplo, contém substâncias que auxiliam na diminuição do risco de doenças cardiovasculares, promovendo um fluxo adequado de sangue (reduzindo a pressão sanguínea) e diminuindo a oxidação do LDL, o colesterol ruim.

Quanto mais cacau, melhor o chocolate

Verdade! Como o cacau é um alimento rico em componentes antioxidantes, ele auxilia na redução do colesterol total, da aterosclerose, do colesterol ruim e da pressão arterial. Portanto, quanto maior a porcentagem de cacau no chocolate, maiores serão os benefícios que ele trará.

Diminui o estresse e a ansiedade

Verdade! E 6 gramas por dia são o suficiente. O chocolate auxilia na liberação de neurotransmissores que estimulam a sensação de bem-estar, o que reduz o estresse e a ansiedade.

Chocolate amargo ajuda a emagrecer

Verdade! Com os benefícios do cacau, esse tipo de chocolate promove o emagrecimento, se ingerido em poucas quantidades diariamente, pois proporciona maior sensação de saciedade, diminui o nível de estresse e a sensibilidade à insulina.

Chocolate branco não é chocolate

Verdade! Esse tipo de chocolate não poderia ser assim considerado, uma vez que não há quantidade alguma de cacau em sua preparação. O chocolate branco é apenas manteiga do cacau, açúcar, leite e gordura.

Chocolate faz mal para o coração

Mito! Chocolate reduz os riscos de derrame e de doenças cardiovasculares.

Em resumo, se consumido com moderação e acompanhado de uma alimentação equilibrada e de exercícios físicos regulares, o chocolate pode passar de vilão a herói do bom humor e ser um ótimo combustível para uma vida saudável.

CHOCOLATE X CRIANÇAS

Apesar de ser extremamente delicioso, o chocolate não deve ser oferecido para crianças menores de 2 anos de idade. De acordo com Denise Utsh, professora e coordenadora do curso de Nutrição da Faculdade Anhanguera de Brasília – Pistão Sul, quando oferecido antes dos 2 anos, o chocolate pode ocasionar manchas na pele, tosse e secreção das vias aéreas. "Como, em geral, ele contém açúcar e leite em sua composição, o chocolate poderá causar gases e até desconforto abdominal, se consumido em excesso.

Como consumir o chocolate

1. *Para tirar um maior proveito dessas substâncias, ao invés de comer maiores quantidades de chocolate de uma só vez, é muito melhor que pequenas quantidades sejam ingeridas diariamente. A inclusão de 30 gramas de chocolate por dia não é considerada exagerada, desde que esteja inserida em um estilo de vida saudável, com bons hábitos alimentares, atividade física regular e menos preocupações. Esta é a receita para a longevidade.*

2. *Observe com cuidado a rotulagem nutricional do chocolate escolhido e também a sua lista dos ingredientes. Segundo a legislação, os ingredientes devem ser descritos conforme a quantidade na receita, ou seja, a quantidade dos ingredientes deve ser escrita do mais abundante para o menos abundante na composição.*

Em bebês, ele pode levar a alterações das papilas gustativas – o que, posteriormente, levará a criança a dar preferência a alimentos doces e a recusar alimentos salgados", explica.

A professora lembra também que o doce possui cafeína, que estimula o sistema nervoso central, ocasionando excitação e prejudicando o sono, causando nervosismo nas crianças. "O chocolate, de certa forma, é 'viciante', uma vez que interfere nos mensageiros cerebrais dopamina e serotonina [sensação de bem-estar]. Dessa forma, ele atrapalha o funcionamento do cérebro e pode levar à necessidade cada vez maior de comê-lo", ressalta.

Se não for possível evitar oferecer chocolate aos filhos, Denise recomenda os chocolates com puro cacau. "Sempre o ofereça antes das 16 horas e em pouca quantidade. Para crianças com intolerância à lactose, procure a versão sem a substância. Se, por ventura, o interesse da criança for apenas pelo brinquedo contido em seu interior, dê-lhe o brinquedo e esconda o chocolate."

Bom de ver E DE COMER

Inspire-se na apresentação de três lindas receitas com chocolate. São de dar água na boca!

Este delicioso suflê foi servido com bananas em rodelas e bolas de sorvete de chocolate e chantilly. Uma ótima combinação!

Seu bolo de chocolate ganhará destaque ao ser incrementado com famosos e deliciosos bombons italianos.

Servir o tradicional brigadeiro em potinhos de vidro decorados demonstra requinte e zelo pelos convidados.